학교에서 만나는
인공지능 이야기

하루 만에 친해지는 인공지능

학교에서 만나는 인공지능 이야기

황유리 지음

한그루

목차

등굣길

학교에서 알아보는
인공지능

지금부터

'인공'이 앞에 들어가는 낱말을 3개 떠올려 보세요.

주어진 시간은 30초입니다.

준비… 시작!

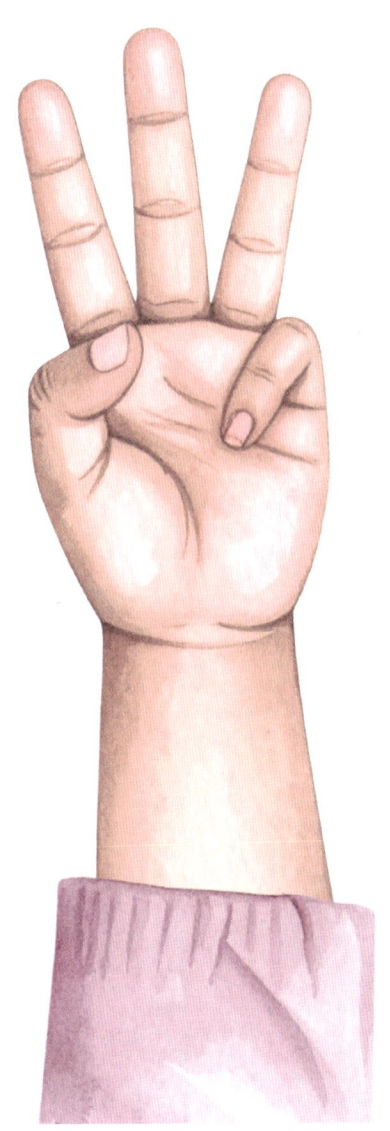

인공위성, 인공 색소, 인공 수정, 인공호흡, 인공 호수, 인공 폭포⋯

그리고⋯

아마 여러분 모두가 빠짐없이 떠올렸을⋯

인공지능!

인공[1] 人工

명사

1. 사람이 하는 일.

2. 사람의 힘으로 자연에 대하여 가공하거나 작용을 하는 일.

'인공'의 의미를 표준국어대사전에서는 이렇게 설명하고 있어요.

방금 떠올린 단어들에서는 모두 2번 뜻이 더 알맞겠지요?

그러니까 인공지능은 '사람이 만들어낸 지능'이라고 할 수 있겠네요.

인공지능(Artificial Intelligence, AI)은

인간의 지능과 닮도록 본떠 만든 컴퓨터 시스템입니다.

우리 사람처럼 생각하고, 기억하고, 학습하고, 분석하고, 이해하고,

적응하고, 추리하고, 판단하고, 결정하고, 예측하고, 증명하는…

다양한 지적 능력을 **컴퓨터**(Computer)에 심어준 기술인 것이지요.

'컴퓨터? 그럼, 내가 스마트폰에서 하는 모든 것들은 뭐지…?'

혹시 선생님이 여러분의 마음을 꿰뚫어 보지 않았나요?

맞아요. 오늘날에는 데스크톱 컴퓨터가 집에 없는 경우도 많아요.
학교 컴퓨터실이나 선생님 책상 위의 커다란 컴퓨터 말이에요.
왜냐하면, 이제 노트북, 태블릿, 심지어 손바닥만 한 스마트폰으로도
얼마든지 편히 인터넷에 접속해 원하는 정보를 찾을 수 있으니까요.
그런데 인공지능이 일종의 컴퓨터 시스템이라니 의아하지요?

여기서 말하는 컴퓨터란 조금 더 넓은 개념이에요.
컴퓨터의 구성은 크게 두 부분으로 나눌 수 있어요.
'만질 수 있는' 기계 부분인 **하드웨어**(Hardware, HW)와
'만질 수 없는' 프로그램 부분인 **소프트웨어**(Software, SW)로요.
우리 주변의 디지털 기기에는 이러한 컴퓨터 기술이 녹아 있답니다.

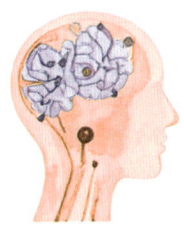 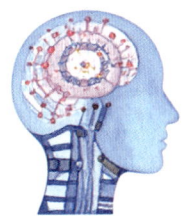 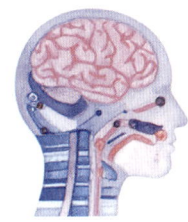 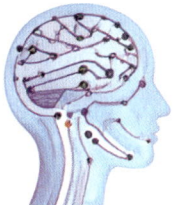

인공지능이라는 말은 여러분 모두 그동안 자주 들어보았을 테지요.

그런데 막상 인공지능이 무엇인지 설명하라면… 말문이 막혔을걸요?

그래서 우선, 이렇게 인공지능의 개념에 대해 살펴보았어요. 새삼스럽죠?

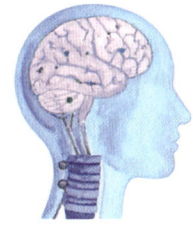 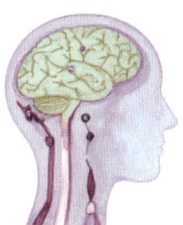 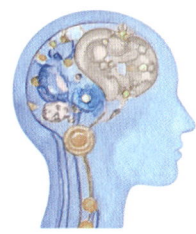 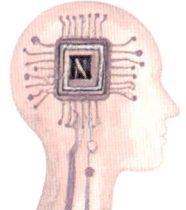

우리는 때로 서로 마음이 맞지 않는 친구들도 만나요.

하지만 내 마음에 꼭 드는 사람들과만 어울리며 살 수는 없지요.

이는 어른이 되어서도, 교실과 학교를 벗어나도 마찬가지랍니다.

나와 다른 친구들과도 지혜롭고 조화롭게 어우러지는 방법 또한

우리가 지금 향하고 있는 학교에서 배우는 것 중 하나입니다.

서로 편을 갈라 놀면서 '다른 편' 친구들을 비난하고 헐뜯는 건

더 많은 친구와 더욱 다양한 빛깔의 재미를 누리며 놀 기회를

스스로 없애는 거나 다름없다는 걸 언제나 잊지 않길 바라요.

하지만 인공지능은… 편을 좀 갈라 볼게요!

인공지능은 지능의 범위와 수준, 즉 그 능력에 따라
세 가지 종류로 분류해 볼 수 있습니다.

약인공지능(Weak AI)은

자기가 맡은 특정한 작업을 잘 해내도록 설계된 인공지능입니다.

반대로 이야기하면, 자기 역할이 아니면 잘 해내지 못한다는 뜻이죠.

이는 목적에 맞게 데이터를 학습하고, 정해진 범위에서 작동해요.

이처럼 약인공지능은 쓰일 수 있는 범위가 비교적 제한적이라

Artificial Narrow Intelligence(ANI)라고 불리기도 해요.

'좁은 범위의 인공지능'이라는 뜻이지요.

'약하다'의 반대말은 뭐죠? 맞아요. 이어 소개할 인공지능은, 강해요!

강인공지능(Strong AI)은

약인공지능과 달리 여러 분야에 걸친 다양한 작업을 수행해내요.

강인공지능은 자기 자신까지 인식할 정도로 영리하답니다.

한마디로, 사람에 견줄 만한 지능을 가진 인공지능이랄까요?

이는 **Artificial General Intelligence(AGI)**라고도 불리는 걸 보면,

그야말로 '전반적인' 사고 능력을 갖추었다는 걸 알 수 있지요.

약하거나 강한 인공지능.

그럼, 마지막은 어떤 인공지능일까요?

초인공지능(Super AI)은

인간의 지능을 훨씬 뛰어넘는 수준의 인공지능입니다.

'초월하다'라는 말 알죠? '강한' 차원을 뛰어넘는다는 거예요.

인공지능은 인간의 지능을 본떠 만든 지능이라고 했었잖아요.

그런 모방 단계에서 벗어나 인간의 한계를 넘을 만큼 발전한 거죠.

초인공지능은 Artificial Super Intelligence(ASI)라고도 해요.

인간보다 더 빠르게, 더 넓게, 더 깊게 사고할 수 있는 초인공지능.

이는 어쩌면 감정까지도 우리 인간보다 풍부하게 지녔을지 몰라요.

우리는 인공지능이 어디까지 해낼 수 있는지에 따라

약인공지능, 강인공지능, 초인공지능으로 나뉜다는 걸 알게 됐어요.

각 인공지능의 특징을 잘 기억해 주세요.

혹시 알쏭달쏭 헷갈린다면 한 번 더 읽어보아도 좋아요.

자, 준비되었나요?

이쯤에서 문제를 하나 더 풀어보겠습니다.

배움은 역시 삶과 연결될 때 진정 빛나는 법!

우리 주변에서 쉽게 접할 수 있는 여러 가지 인공지능 기술들을

각각 약인공지능, 강인공지능, 초인공지능으로 구분해 보세요.

이번 문제에서는 보기를 줄게요.

카메라 얼굴 인식, 챗봇, 자동 번역, 콘텐츠 추천, 맞춤형 광고,

자율주행 자동차, 로봇청소기, 스마트팜을 생각해 보세요.

정답은⋯ 몽땅 다 약인공지능에 해당한답니다!

의외지요?

약인공지능은 앞서 이야기했듯 자기 역할을 충실하게 해냅니다.

예를 들어 자율주행 인공지능에 번역을 맡기면 진땀을 빼겠지요.

그러니까… 만약에 인공지능에도 흘릴 땀이 있다면 말이에요.

그렇지만, 약인공지능이 우리 삶에 미친 영향은 결코 '약하지' 않아요.

우리가 일상에서 접하는 인공지능은 거의 모두 약인공지능이에요.

앞선 예시들뿐 아니라, 여러분이 지금 떠올리는 그 기술들 전부가요.

인간 같은, 혹은 인간보다 나은 인공지능은 아직 존재하지 않아요.

초인공지능은 물론이거니와, 강인공지능도 여전히 연구 중이랍니다.

지금은 영화나 소설 속에서나 이런 인공지능을 만날 수 있달까요?

수십 년은 더 연구해야 한다는 게 '현재' 전문가들의 의견이에요.

언젠가 이런 상상 속 인공지능이 현실이 되는 날이 온다면

이 세상은 모든 측면에서 어마어마한 변화를 맞이하겠지요.

이를 대비해 관련 법과 제도, 도덕 기준에 대한 논의도 활발합니다.

지금 이 책을 읽고 있는 여러분이라면 아마도
종이와 연필만 있으면 쓱쓱 덧셈과 뺄셈을 계산할 수 있을 거예요.
간단한 식은 머릿속에서 계산을 마치고 술술 답을 말할지도 몰라요.

그런데… 그렇지 않던 때도 있었을걸요? 한번 곰곰이 떠올려 보세요.
태어날 때부터 능숙하게 연산을 해나갈 수 있었을 리가 없죠.

언젠가 여러분은, 손가락을 바삐 꼼지락대며 수학 시간을 보냈어요.

열 개의 바둑돌을 이렇게 갈랐다가, 저렇게 모았다가.
일 모형 13개를 십 모형 1개와 일 모형 3개로 바꾸었다가.
반대로 십 모형 1개를 일 모형 10개로 바꾸었다가.
바둑돌과 수 모형을 만지작거리며 수학 연산의 첫걸음마를 뗐지요.

왜 그렇게 번거로운 걸음마를 뗐냐고요?
만질 수 없는 수학 개념을 조금 더 쉽게 이해하기 위해서예요.

숫자도, 수학 기호도 결국 오래전 사람들이 정한 약속이에요.
반면, 사탕이 네 개 있는 건 외계인이 봐도 똑같이 네 개겠지요.

동글동글하고 길쭉길쭉한 물건들을 손으로 직접 옮기다 보면,
그러면서 눈에 보이는 변화와 결과에 점차 익숙해지다 보면,
나중에는 숫자나 기호만으로도 똑같은 과정을 해내게 되는 거예요.

초등학교에 막 입학해서 활용한 이런 수학 교구들은
네발자전거의 보조 바퀴와 같은 역할을 해준답니다.
처음에는 네발자전거나 세발자전거로 자전거와 점점 친해지다가
마침내 두발자전거로 씽씽 달려 나가는 것과 비슷해요.

그리고 그게 바로, 선생님이 오늘 이런 수업을 준비한 이유입니다.

인공지능은 여러분이 처음 배우던 수와 닮은 점이 많아요.
이는 오늘날 우리 주변 어디에든 속속들이 숨어 있지요.
그렇지만 막상 다가가려니 어색하기도 해요. 사실 잘 모르니까요.
더군다나 이 또한 눈에 보이지도 않고, 손으로 만질 수도 없지요.
조금 더 가까워지고 싶은데, 어째 좀 막막한 건 어쩔 수가 없네요!

하지만 우리는 인공지능을 알아야 합니다.

강인공지능이 언제쯤 일상생활에 등장할지는 누구도 내다보지 못해요.
그러나 우리의 하루 속에 인공지능은 점점 더 깊이 스며들 테지요.
현명하게 인공지능을 활용하는 자세도 더불어 강조되고 있습니다.

그런데 무엇이든 잘 사용하려면…
그에 대해서 잘 알고 있어야 하잖아요.

이렇게 도란도란 이야기를 나누며 등굣길을 지나오다 보니,

어느덧 학교에 도착했습니다.

오늘 우리는

여러분에게 가장 친근한 공간인 학교의 이곳저곳을 돌아다닐 거예요.

또, 그 공간에서 어떤 일들이 벌어지는지 들여다보면서

인공지능과 관련된 여러 지식을 두루 탐구해 보려 해요.

아직은 낯설게 여겨질 수 있는 인공지능 관련 개념과 원리를

학교생활 속 낯익은 상황에 빗대어 알아보려는 거예요.

앗… 진작 학교를 다 졸업했는데 이 책을 읽는 게 머쓱하다고요?

아니에요. 전혀 그럴 필요 없어요. 여러분 모두를 환영합니다.

수업은 초등학교를 배경으로 이루어질 거지만,

오늘만큼은 누구에게나 학교의 문을 활짝 열어두었답니다.

초등 교사가 되기 위해 공부하던 대학생 시절,

선생님은 다른 나라 학교의 수업을 참관할 기회가 있었어요.

익숙하게 노트북을 꺼내 간단한 프로그램을 만드는 유치원생들과

그에 따라 교실을 돌아다니는 로봇들을 보고 어찌나 놀랐나 몰라요.

선생님은 대학에 들어가서야 그런 프로그램을 처음 접했는데 말이죠.

그리고 곧 우리나라 초등학교에서도 이런 수업을 하게 될 거라 했지요.

'발전하는 세상에서는 새로운 앎을 마주하는 저마다의 때가 있구나.'

선생님은 그때 처음 생각하게 되었어요.

선생님이 된 지금도 매일 우리 반 학생들과 같이 배우며 자라고 있지요.

여러분 모두가 이따 배움의 즐거움을 가득 안고 하교하기를 바라요.

이제 교실, 도서관, 체육관, 보건실, 급식실, 운동장 등

우리가 매일 드나드는 학교 곳곳에서

어떤 일들이 벌어지는지 한번 살펴볼까요?

주인공 '나'가 되었다고 상상하며 일곱 편의 학교 이야기를 읽고

이어지는 선생님의 설명에 귀를 기울이다 보면

어느새 인공지능과 성큼 더 가까워져 있을 거예요.

아
침 시
간

교실에서 알아보는
알고리즘

학교에서 생긴 일 알아보기

현재 시각 아침 8시 10분. 오랜만에 일찌감치 등교했어요.

오늘따라 아침 햇살이 눈을 간지럽히는 바람에 반짝 눈이 떠졌어요.

아무도 없는 우리 교실은 아직 새근새근 잠이 든 것처럼 고요해요.

늘 그랬듯이 우선 책가방과 겉옷을 책걸상에 단정하게 정리했어요.

'흠⋯. 오늘은 아침 활동 시간에 무엇을 해야 하지?'

이어서 오늘도 담임 선생님의 익숙한 글씨가 남겨진 칠판을 보았어요.

우리 선생님께서는 매일 퇴근하기 전 칠판에 미리 적어두고 가셔요.

다음 날 아침, 1교시 시작 전까지 우리가 해야 할 활동을 말이에요.

전날 어떤 수업을 했는지, 알림장에 무얼 썼는지에 따라 할 일이 달라져요.

만약 최선을 다하느라 6교시 수업 때 작품을 다 완성하지 못했다면?

괜찮아요. 그런 친구들은 아침에 와서 마저 마무리하면 되니까요.

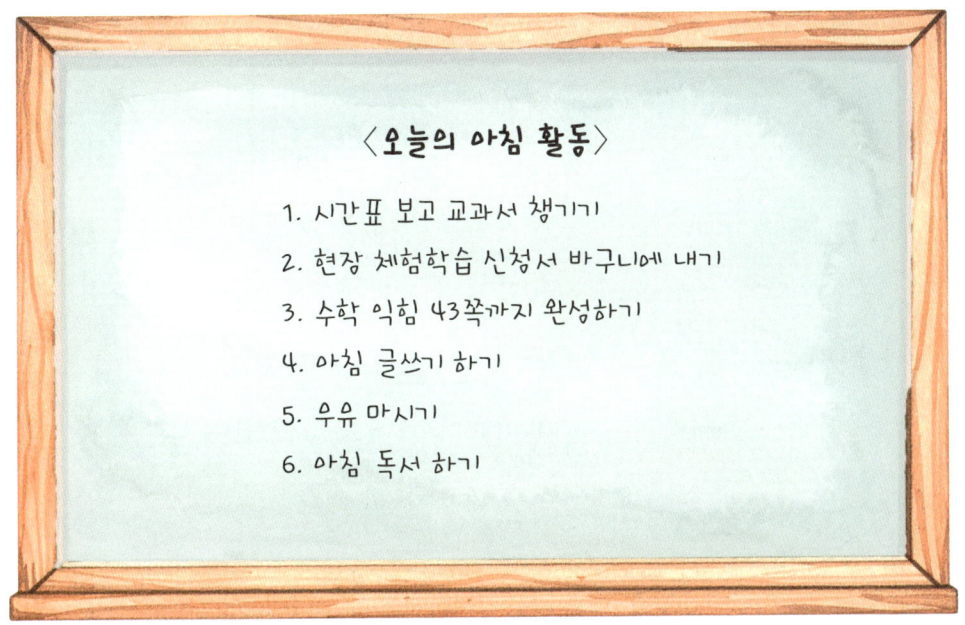

〈오늘의 아침 활동〉

1. 시간표 보고 교과서 챙기기
2. 현장 체험학습 신청서 바구니에 내기
3. 수학 익힘 43쪽까지 완성하기
4. 아침 글쓰기 하기
5. 우유 마시기
6. 아침 독서 하기

자음과 모음 사이사이로 선생님 목소리가 스며들어 있는 것 같아요.
번호가 매겨진 순서에 따라 차근차근 오늘의 할 일들을 확인했어요.

선생님께서는 강조하셨어요. 칠판에 쓰인 순서대로 해야 한다고요.
어서 재미난 동화책을 읽고 싶어도, 교과서부터 챙겨야 하는 거예요.

가장 먼저 할 일은 역시 사물함에서 교과서를 가져오는 거예요.
책상 속에는 그날 쓸 교과서만 넣어두는 게 우리 반의 규칙이에요.
아침마다 교과서를 하나하나 꺼내다 보면 하루가 그려지곤 해요.

교실 앞쪽 게시판에 붙어 있는 오늘의 시간표를 확인했어요.

'오늘은 수학, 도서관, 체육, 국어, 미술이네. 수요일이니 5교시다!
그럼, 교과서는 뭘 챙겨야 하지? 어디 보자…
체육이랑 미술은 없어도 된다고 어제 말씀하셨어.
수학, 수학 익힘, 국어 교과서만 챙기면 되겠다.'

오늘 필요한 교과서를 책상 속에 가지런히 정리했어요.

'다음은 뭐지? 2번. 현장 체험학습 신청서 교탁 위 바구니에 내기.

나는 진작에 가져왔지! 얼른 놀이공원에 가는 날이 오면 좋겠다.'

우리 학년은 다음 주에 놀이공원으로 현장 체험학습을 가요.

비가 올까 봐 조마조마했는데, 일기예보를 보니 다행히 맑을 거래요.

어제까지는 아직 신청서를 안 가져온 학생이 7명 있다고 했어요.

안내장에는 내일까지 담임 선생님께 신청서를 제출하라 쓰여 있고요.

과연 오늘은 모두가 까먹지 않고 신청서를 가져오려나요?

'그럼, 다음 3번. 수학 익힘 43쪽까지 어제 다 못 푼 어린이 풀기.
맞다! 나 마지막 두 문제 아직 남아 있을 건데. 빨리 마저 해야지.'

책상 속에서 아까 가져온 수학 익힘 교과서를 꺼내 다시 살펴봐요.

모양과 크기가 같아 포개었을 때 완전히 겹치면 서로 합동이에요.
서로 합동인 두 도형은 대응변의 길이와 대응각의 크기가 같아요.
여기까지는 이해하는 데 하나도 어렵지 않아요. 다 잘 알겠어요.
문제는, 합동인 두 도형이 뒤집힌 모양으로 놓이면 헷갈린다는 거죠.
그래서 어제 다 풀지 못했어요. 비슷한 문제를 더 풀어봐야겠어요.

마지막 문제를 풀고 있는 동안 친구들도 하나둘 등교해요.
어제도 봤으면서 오늘 또 반가운 우리는 정답게 인사를 나누어요.
친구들은 내가 그랬듯이 칠판에 적힌 오늘의 아침 활동을 확인해요.
가방에서 현장 체험학습 신청서를 꺼내고 있는 샛별이도 보여요.
친구들과 잠깐 이야기를 나누는 틈새의 즐거움도 만끽했어요.

"좋은 아침! 오늘은 평소보다 일찍 온 어린이들이 많은걸?"

다시 수학 문제와 씨름을 하고 있으니 머지않아 선생님도 오셨어요.
자신의 할 일을 스스로 해내고 있는 우리를 칭찬해 주시고 난 후
선생님도 선생님의 아침 활동을 부지런히 해나가셔요.

선생님은 컴퓨터 전원을 켜 메신저 로그인을 하시고,
새로 들어온 신청서를 확인하셔요.

 교실에서 수학 활동지가 인쇄되는 동안
협의실에서 색지를 챙겨오셨고요.

바다에게 결석 확인서를 가져왔는지도 물어보시고,
노을이에게는 교외 체험학습 보고서 종이를 건네주셔요.

아무래도 우리 선생님의 아침 활동은 30번까지 있는 게 틀림없어요!

'이제 4번으로 넘어가 볼까? 아침 글쓰기네. 오늘의 질문은 뭐지?'

우리 반은 종종 '아침을 여는 글쓰기'를 해요.
주어진 질문에 대한 내 생각을 세 줄 정도로 간단하게 적는 거예요.
아침 글쓰기를 하고 나면 마치 머리도 기지개를 켠 듯 가뿐해져요.

글쓰기는 어렵고 지루하다고만 생각했던 나는 점점 달라지고 있어요.
무엇이든 되고, 무엇이든 할 수 있는 글쓰기의 재미를 이제는 알죠.
뭐라고 써야 할지 고민하는 시간도 갈수록 줄어들고 있어요.
역시 운동은 할수록, 수학은 풀수록, 글은 쓸수록 실력이 느나 봐요.
또박또박 반듯하게 쓰인 글씨를 보며 느끼는 보람은 또 어떻고요.

오늘의 질문은 "만약 초능력을 하나 가질 수 있다면?"이에요.
잠시 궁리하다 새들처럼 자유롭게 하늘을 날고 싶다고 썼어요.
하얀 글쓰기 공책 종이를 가만 바라보니 그런 생각이 나더라고요.
비행기 창밖으로 보던 구름을 직접 만져보면 과연 어떤 느낌일까요?

오늘 나는 이른 시각에 등교했었지요.

수학 익힘 문제도 어제 수업 시간에 거의 다 풀었고요.

그래서 4번까지의 할 일을 다 마쳤는데도 아직 8시 30분이에요.

이제 다음은 우유를 마실 차례예요.

이번 주에 우유 바구니를 교실로 가져오는 역할은 은하의 몫이에요.

내가 글을 쓰는 사이에 은하는 잊지 않고 급식실에 다녀왔어요.

우유를 마실 때마다 우리 반 첫 학급 회의의 기억이 떠올라요.

3월에는 우유를 마시는 게 '오늘의 아침 활동' 2번이었어요.

교과서나 도서관 책, 또는 미술 작품에 우유를 쏟는 일을 막으려고

우선 우유부터 다 마신 후 다른 활동을 하기로 했던 거였어요.

하지만 그랬더니 때때로 작은 문제가 있었어요.

우유 배달 담당 친구보다 일찍 오면 다음 일을 못 하고 기다려야 했죠.

우리는 학급 회의 시간에 이러한 상황에 대해 의논을 해보았어요.

우유 배달 역할을 맡는 동안에는 일찍 등교하자는 의견도 있었고,

그러자 집이 멀어서 그러기 어렵다고 말하는 친구들도 있었어요.

그래서 우유 마시기 순서를 지금처럼 뒤쪽으로 바꾸게 되었답니다.

칠판에 적힌 오늘의 마지막 아침 활동은 역시 독서예요.
이렇게 친구들보다 할 일을 먼저 끝냈을 때 책을 읽으면 딱 좋아요.

그나저나 방금까지 수학 문제를 풀어서 그런지 갑자기 생각이 나요.
선생님께서는 독서가 수학 실력을 키우는 데에도 도움이 된다셨어요.
독서랑 수학? 처음에는 의아했지만, 생각해 보니 맞는 말씀이었어요.
이야기처럼 글로 제시된 수학 문제를 보면… 일단 겁부터 나거든요!

숫자와 수학 기호로만 쓰인 식을 계산하는 건 헷갈리지 않아요.
그런데 마지막 문제를 풀 즈음이면, 그 식부터 내가 찾아내야 하죠.
왜 자꾸 뒤섞인 수 카드로 어떤 조건에 맞는 수를 만들라는 걸까요?
왜 자꾸 문구점에서 계산을 하라는 걸까요? 내 머리가 아프게요!
책을 많이 읽으면 그 암호 같은 문제들이 조금 더 쉽게 다가오겠죠?

책 나라로 잠시 여행을 떠나는 동안 어느덧 9시가 다 되었어요.
1교시 수업을 준비하라는 선생님의 말씀이 책장 너머로 들려와요.

해야 할 일을 여유롭게 모두 마친 아침은 상쾌해요.
왠지 오늘 하루는 행운과 행복이 가득할 것만 같아요!

인공지능 탐구하기

어때요? 선생님 얘기가 맞았지요?

이 책을 읽고 있는 여러분은

다니는 학교도, 학년도 다를 테지요.

하지만 이야기 속의 교실 풍경은

머릿속에 익숙하게 그려지지요?

책을 읽는 여러분 모두에게 친숙한 학교생활 속 상황을 살펴보며

새로운 인공지능 개념을 익혀간다는 것은 이런 뜻이랍니다.

조퇴는 금물! 마음을 열고 하루를 무사히 함께 마쳐보도록 해요.

아, 그래서 이번 이야기가 인공지능과 무슨 상관이냐고요?

좋아요. 이제 본격적으로 컴퓨터와 인공지능에 대해 알아보아요.

여러분이 막 읽은 말랑말랑한 이야기를 같이 돌아보면서 말이에요.

이야기 속 '오늘의 아침 활동'에는 왜 번호가 매겨져 있었지요?

칠판에 쓰인 일들은 꼭 순서를 지키며 해야 하기 때문이었어요.

만약 먼저 해야 하는 수학 익힘 문제 풀기를 다 마치지 못했다면

며칠 전부터 읽고 있는 책의 다음 이야기를 얼른 확인하고 싶어도

꾹 참고 수학 문제부터 해결해야 해요.

이야기 속 세상으로의 모험은 조금 나중에 다시 떠나도 되지만,

문제를 다 풀지 못하면 수업 시간에 채점할 때 난감할 테니까요.

아침 활동으로 무엇을 해야 하는지는 학생마다 조금씩 달랐어요.

일단, 교과서와 준비물을 챙겨오는 건 모두가 제일 먼저 해야 해요.

그다음부터는 자신의 상황에 따라 시간을 보내면 됩니다.

어떤 학생은 '현장 체험학습 신청서 내기' 단계를,

어떤 학생은 '수학 익힘 풀기' 단계를 건너뛸 수도 있었겠지요?

신청서를 이미 냈거나, 문제를 이미 다 풀었다면 말이에요.

그렇다면 곧바로 아침 글쓰기를 하면 되는 거예요.

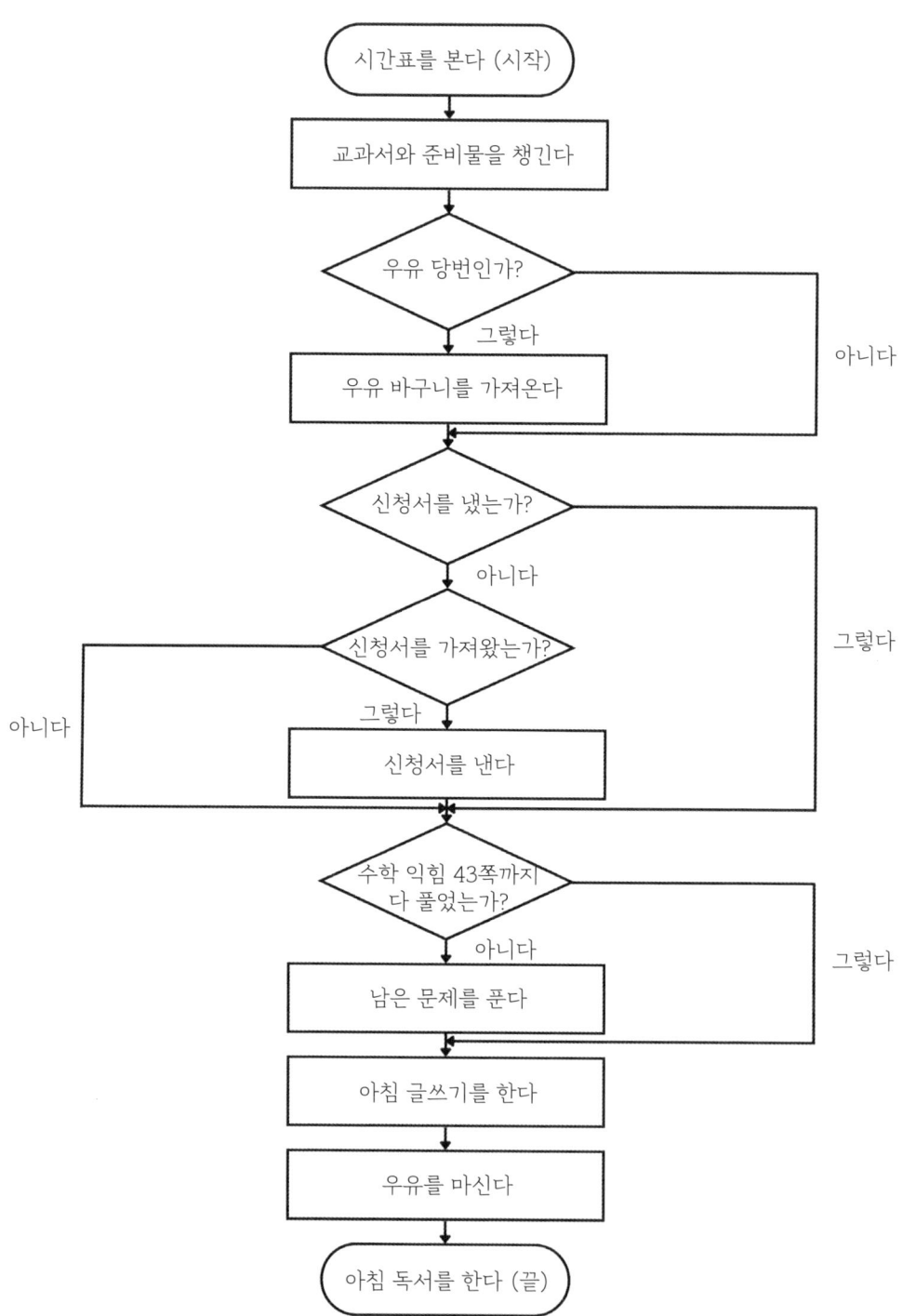

시간표를 본다 (시작)

교과서와 준비물을 챙긴다

우유 당번인가?

그렇다

아니다

우유 바구니를 가져온다

신청서를 냈는가?

아니다

그렇다

신청서를 가져왔는가?

아니다

그렇다

신청서를 낸다

수학 익힘 43쪽까지 다 풀었는가?

아니다

그렇다

남은 문제를 푼다

아침 글쓰기를 한다

우유를 마신다

아침 독서를 한다 (끝)

이야기 속 '오늘의 아침 활동'을 색다른 방식으로 나타내 봤어요.
한 단계 한 단계 컴퓨터가 이해하는 방식으로 표현해 본 거랍니다.

알고리즘(Algorithm)은 순서대로 해야 할 일의 목록이에요.
컴퓨터가 어떤 문제를 해결하거나 목표에 도달할 수 있도록 하죠.
차례에 따라 일을 처리하는 방법이나 절차라고 생각하면 됩니다.
순서도는 이러한 알고리즘을 도형과 선을 활용하여 나타낸 거예요.
왼쪽은 **알고리즘 순서도(Algorithm Flowchart)**의 예시입니다.

알고리즘 순서도를 작성하는 방법에는 세계적인 약속이 있답니다.
'2+3=5'는 어느 나라에 가도 '2+3=5'인 것과 마찬가지랄까요?
각 도형이 어떤 의미를 나타내는지 생각하며 순서도를 그려야 해요.
내가 좋아한다며 별이나 하트 모양을 쓰면 이러한 약속과 어긋나요.

모든 순서도는 **시작**에서 출발해 **끝**에서 마쳐요.
이들은 보통 가로로 납작한 원으로 나타내요.

그럼, 이렇게 비스듬히 누운 평행사변형은?
입력(Input)과 **출력(Output)**을 뜻해요.

이렇게 생긴 마름모는 **판단**을 맡아요. 갈림길처럼요.
맞는지 아닌지에 따라 이어지는 단계가 결정됩니다.

가로로 긴 직사각형은 **데이터 처리**를 맡아요.
계산처럼 컴퓨터가 무언가를 수행하는 과정이죠.

알고리즘 순서도에서의 화살표는 **흐름선(Flowline)**이라고 해요.

컴퓨터가 일을 하는 흐름을 보여주는 선이죠.

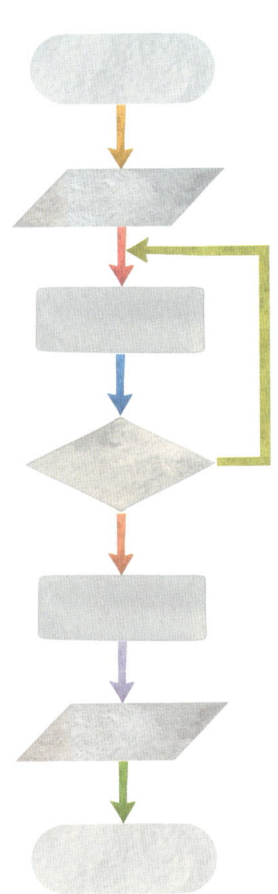

쭉 뻗은 직선 형태로 그려지는 흐름선은

기본적으로 위에서 아래로,

왼쪽에서 오른쪽으로 나아갑니다.

판단 결과에 따라 이전 단계로 돌아가야 하면

흐름선 또한 거슬러 올라가기도 하고요.

또한, 흐름선은 도형의 중심이 아닌

가장자리에서 뻗어 나온답니다.

알고리즘 순서도에서 모든 도형은

흐름선으로 연결되어 있어야 해요.

다리가 없어 비행기로만 갈 수 있는 제주도처럼

혼자만 동떨어진 도형이 있어서는 안 돼요.

이때 중요한 게 하나 더 있어요.

컴퓨터가 무엇을, 어떻게 해야 하는지

하

나

씩

하

나

씩

아주 자세하게

순서대로 알려주어야 한다는 거예요!

여러분은 오늘 아침 식사를 잊지 않고 하고 왔나요?

잠깐 샌드위치 얘기를 해볼게요.

선생님이 샌드위치를 좋아해서가 아니에요.

이는 알고리즘이 무엇인지 재미나게 알려주기 위해

세계적으로 가장 널리 만들어지는 음식이기 때문이에요.

맛있는 샌드위치를 만드는 과정을 한번 상상해 봅시다.

아, 선생님도 알아요. 집마다 비법이 다르다는 걸요. 그렇고 말고요.

알고리즘에 관해 설명하기 위해 예시를 들어보는 것뿐이랍니다.

우선 고소한 맛과 향이 한층 더 살아나게끔 식빵을 구워야겠죠?

그런데 우리가 흔히 말하듯이 "노릇노릇하게 구워주세요."라고 하면

어떤 요리사는 어찌해야 할지 몰라 혼란에 빠질지도 몰라요.

그 요리사의 이름은 바로바로, 컴퓨터!

아마 지금 여러분의 머릿속에는 '노릇노릇하게' 잘 구워진 식빵이

시간이 다 된 토스터 기계에서처럼 '탁' 하고 튀어 올랐을 거예요.

겉은 살짝 바삭하고 속은 촉촉한, 옅은 갈색을 띤 빵 말이에요.

문제는, 컴퓨터는 노릇노릇하다는 게 무슨 뜻인지 모른다는 겁니다.

그러면 뭐라고 해야 하는 거냐고요? 잠시 스스로 생각해 보세요.

명확하고 자세한 설명이 필요하니 아무래도 숫자가 쓰이면 좋겠죠.

"식빵 한 장을 집어 토스트 기계의 빈칸에 넣어주세요.

이 과정을 한 번 더 반복해 주세요.

2단계 굽기 버튼을 누른 뒤 45초 동안 기다려 주세요.

시간이 다 되어 식빵이 올라오면 빵을 집어서

토스트 기계의 왼쪽에 있는 접시 위에 올려놓아 주세요.

이 과정도 한 번 더 반복해 주세요."

만약 우리가 명령하는 대로만 샌드위치를 만드는 요리사가 있다면

위의 예시에서처럼 무척 꼼꼼하게 지시를 내려주어야 해요.

엉망진창으로 쌓인 이상한 샌드위치를 먹지 않으려면 말이에요!

이렇게 컴퓨터에 명령을 하나하나 정확하게 입력하는 과정을

우리는 **코딩**(Coding)이라고 부른답니다.

여기저기서 이미 많이 들어본 단어지요?

프로그래밍(Programming)은 조금 더 넓은 개념이에요.

코딩을 비롯하여 프로그램 제작 과정 전체를 일컫는 말이죠.

어쨌든 식빵을 구웠으니, 이제 빵 한 쪽에 달콤한 잼을 발라봅시다.

우리는 실수와 실패를 통해 성공으로 나아가는 법!

이번에는 아까와 달리 처음부터 조금 더 자세하게 설명해 볼게요.

"숟가락을 들고, 숟가락을 통 안에 넣고, 딸기잼을 떠주세요."

앗! 이게 무슨 소리죠? 뭔가 또 잘못된 듯한 느낌이 오는데…

컴퓨터 요리사가 뚜껑이 닫힌 통을 숟가락으로 내리치고 있네요!

휴. 이런 것까지도 알려줘야 한다니. 다시 코딩해야겠어요.

샌드위치는 이따 마저 만들고, 학교 이야기를 다시 생각해 봅시다.
우유 마시기를 아침 활동의 앞쪽 순서로 두니 불편한 점이 있었죠.
그래서 학급 회의를 거쳐 우유를 더 나중에 마시기로 했잖아요.

우유, 식빵, 딸기잼. 모두 무언가 문제가 있었어요. 그리고, 바꿨죠.

디버깅(Debugging)은
프로그래밍 과정에서 생긴 오류를 찾아내어 고치는 단계입니다.
여기서 버그(bug)는 오류를 의미해요. 즉, 오류를 없앤다는 거지요.

그런데 한편으로 또, 버그는 벌레를 뜻하는 영어 단어기도 해요.
하여간 일상에서든 코딩에서든 벌레라면 다 짜증 난다고요?
디버깅에 숨겨진 재미있는 '벌레' 이야기를 잠시 들려줄게요.

한반도에서 대한민국 정부 수립을 위한 노력이 이어지던 즈음
미국의 한 군대에 있는 컴퓨터가 어느 날 고장이 났어요.
지금과는 모양도 기능도 다르지만, 그때도 컴퓨터란 게 있었거든요.

그런데 컴퓨터 안쪽을 점검했더니 글쎄, 나방이 나온 게 아니겠어요!
엔지니어들은 그 나방을 작업일지에 테이프로 붙이고 이렇게 썼대요.

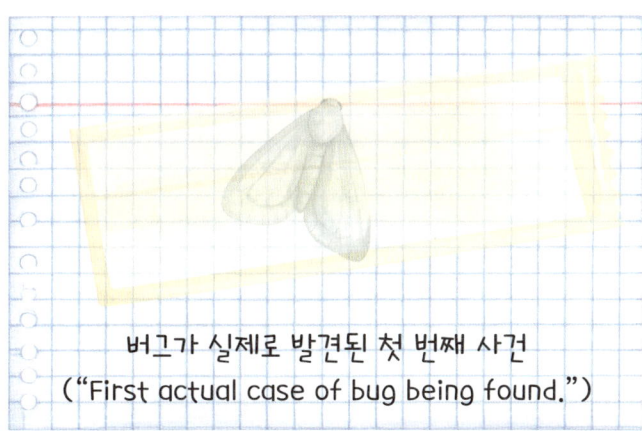

버그가 실제로 발견된 첫 번째 사건
("First actual case of bug being found.")

이전부터도 기계에 생긴 오류를 가리키는 말로 종종 쓰이던 버그는
살아있는 진짜 '버그'가 컴퓨터를 고장 내버린 이 사건을 계기로
본격적으로 오늘날과 같은 의미로 쓰이게 되었다고 해요.

이렇게 우리는 일상생활에서 크고 작은 일들을 체계적으로 해결해요.

우리가 직접 두 눈으로 보지는 못해도, 컴퓨터도 그러하지요.

컴퓨팅 사고력(Computational Thinking)은

컴퓨터처럼 논리적이고 절차적으로 생각하는 능력이란 뜻이랍니다.

우리는 살아가면서 매일 여러 가지 문제 상황에 맞닥뜨리게 됩니다.

그 문제를 풀어가는 방법들이야 물론 다양하지만…

우리가 쓸 수 있는 시간과 비용에는 한계가 있다는 게 또 '문제'죠.

컴퓨팅 사고력을 키우면 문제를 더욱 효율적으로 해결할 수 있어요.

컴퓨터가 문제를 쉽게 해결하는 비법을 여러분에게도 귀띔해 줄게요.

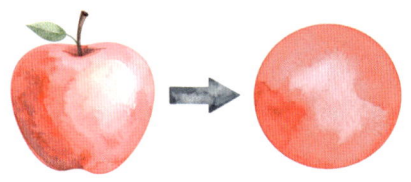

추상화(Abstraction)는

불필요한 세부적인 사항은 덜어내고

중요한 정보만 남기는 거예요.

분해(Decomposition)는

크고 복잡한 문제를

여러 작은 문제들로 나누는 거예요.

패턴 인식(Pattern Recognition)은

문제 속에서 되풀이되거나 비슷한

구조나 규칙을 찾아내는 거예요.

알고리즘과 순서도,

코딩과 프로그래밍,

디버깅,

컴퓨팅 사고력까지!

아침 시간부터 벌써 많은 걸 익힌 여러분 자신을

담뿍 칭찬해 주세요.

한 걸음 더 나아가기

나의 오늘 아침 시간을 돌아봅시다.

어떤 활동을 하며

학교에서의 또 다른 하루를 시작했나요?

아침에 내가 수행한 일들을

한 단계, 한 단계 알고리즘 순서도로 나타낸다면

어떻게 표현해 볼 수 있을까요?

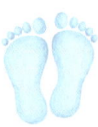

교실에서 알아보는
머신 러닝과 딥러닝

"이 도형들의 공통점은

무엇일까요?"

오늘도 1교시는 수학이에요. 우리 반 수학 수업은 항상 1교시예요.
우리는 매일 장난스럽게 투덜대요. 아침부터 하필 또 수학이냐고요.
우리 선생님은 아직 모두 차분한 아침에는 역시 수학을 해야 한다며
입이 삐죽 나온 우리를 달래고선 힘차게 수업을 시작하시지요.

이번 단원에서 우리는 도형의 특성에 대하여 배우는 중이에요.
저마다 생김새도 크기도 모두 다른 저 도형들의 공통점은 무얼까요?

우리의 답변을 모두 듣고 난 후 선생님께서는 말씀하셨어요.

"맞아요. 말로 정확하게 표현은 안 되지만, 무슨 느낌인지 알겠죠?
여러분이 지금 발표한 내용을 정리해 수학적으로 얘기해 볼게요.
선대칭도형은 한 직선을 따라 접을 때 완전히 겹치는 도형이에요.
이때 그 직선은 대칭축이라고 한답니다. 대칭을 이루는 기준이죠.
대칭축을 따라 접으면 이렇게 서로 겹치는 점, 변, 각이 생깁니다.
각각 대응점, 대응변, 대응각이라고 부르는 것도 기억해 주세요."

"그럼,

이 도형들의 공통점은

무엇일까요?"

"이 도형들은 아까와 달리 반으로 접으면 포개지지 않아요.
하지만 이렇게 반 바퀴를 돌리면… 처음 도형과 꼭 들어맞지요?
이런 도형은 점대칭도형이라고 부릅니다."

선생님의 말씀이 끝나자, 교실 곳곳에서 교과서가 뱅글뱅글 돌아요.
정말 180도 돌려도 같은 모양이에요. 이것도, 저것도요. 신기해요.

"여기서 문제. 이 점은 수학적 개념으로서 뭐라고 부를까요?"

"대칭점이요!"

"여러분이 그렇게 생각할 줄 알고 물어봤어요. 전혀 달라요.
이런 점은 대칭의 중심이라고 해요. 대칭점이 아니랍니다."

선생님도 우리도 다 같이 한바탕 깔깔깔 웃었어요.
언제 "또 아침부터 수학"이라며 입이 삐죽 나왔었냐는 듯이 말이에요.

이어서 우리는 선대칭도형과 점대칭도형의 성질까지 알아보았어요.
선대칭도형의 각 대응점은 대칭축까지의 거리가 같아요.
점대칭도형의 대응점끼리 모두 이으면 대칭의 중심이 드러나요.

정의도, 성질도 꼼꼼히 익혔으니 이제 필요한 것은 연습!
우리는 다양한 도형을 선대칭도형과 점대칭도형으로 분류했어요.

어떤 도형은 선대칭도형이면서 점대칭도형이기도 했어요.
똑같은 알파벳도 대문자인지 소문자인지에 따라 다르기도 했고요.
빨리 문제를 풀고 싶은 마음에 급히 답을 쓰다 실수하기 딱 좋았죠.
특히 "모두 골라보세요." 하는 문제는 언제나 주의해야 해요.

처음에는 여러 도형을 정확하게 구분하는 게 헷갈리기도 했어요.
하지만 문제를 계속 풀어갈수록 자신감도 속도도 더 붙어갔어요.
언젠가부터는 수학 익힘 교과서를 뱅글뱅글 돌리지 않아도 되었어요.
머릿속으로도 원하는 대로 도형을 접고 돌릴 수 있었거든요.

'선생님 말씀이 맞아. 역시 수학은 연습이 가장 중요해!'

내 얼굴에는 뿌듯한 미소가 자꾸만 피어올라요.

이번 시간에 끝마쳐야 하는 수학 익힘 문제를 빠르게 해결했어요.

선생님께서 항상 강조하시는 검토까지 잊지 않고 마쳤고요.

그런데도 수업 시간이 조금 남았어요.

주변을 둘러보니 아직 친구들은 열심히 문제를 풀고 있어요.

그동안 집에서도 틈틈이 공부한 덕분인 것 같아 보람을 느꼈어요.

평소에는 이렇게 틈새 시간이 생길 때 책을 읽어요.

하지만 오늘은 왠지 수학 문제를 조금 더 풀어보고 싶어졌어요.

유난히 수학이 술술 잘 풀리는 날인 것만 같았거든요.

"선생님, 푼 문제를 다시 확인하는 것까지 다 마쳤어요.

오늘은 책을 읽는 대신 더 어려운 문제에 도전해 보고 싶어요."

도전의 용기가 사그라들기 전에 교탁으로 가 선생님께 말씀드렸어요.

선생님께서는 놀라움과 기특함이 담긴 눈빛으로 나를 바라보셨어요.

"실수하지 않았는지 확인하는 것까지 잊지 않았구나. 잘했어.

열심히 공부하겠다며 눈을 반짝이는 어린이는 언제나 대환영이지!

그럼 아예 이번 단원과 관련된 문제 말고 다른 걸 해볼래?

남은 시간 동안 '창의력 수학' 문제에 도전해 보는 게 어떻겠니?"

"창의력 수학이요? 그게 뭐예요? 처음 들어봐요."

"이건 수학 교과서에 있는 문제들과는 달라.

이렇게 '선대칭도형'과 '점대칭도형'에 대해서만 묻지 않지.

네가 쌓아온 다양한 수학적 지식을 골고루 활용해 해결해야 해.

요리조리 고민하며 문제들을 풀다 보면

논리적인 사고력을 쑥쑥 키워갈 수 있단다.

잠시만 기다려 보렴. 선생님이 지금 바로 인쇄해 줄게."

"그런 문제는 한 번도 안 풀어봤어요.

자신은 없지만, 도전해 볼게요! 재미있을 것 같아요."

		1		3	
3		7	3		
		3		6	
			2	4	
	6				
				3	

13

5

씩씩하게 대답했지만, 역시 만만치 않았어요.

선생님이 주신 활동지는 한 문제 한 문제가 새로운 도전이었어요.

교과서를 통해 익힌 성질이나 원리만으로는 쉽게 해결되지 않았어요.

그래서 오히려 흥미롭기도 했어요.

금방 풀리는 문제들만 있는 활동지는… 시시하잖아요?

나는 열심히 고민하고 또 고민하며 문제의 실마리를 찾아갔어요.

'이 문제에서는
덧셈을 써야 할까, 곱셈을 써야 할까?
앗, 아니다. 둘 다 써야 하는 건가?
그래도 뭔가 부족한데…'

'이걸 일일이 계산하라는 건 아닐 텐데.
무언가 규칙이 있을 거야.
뭘까…? 뭐지…?
거꾸로 생각해 보면 규칙이 보이려나?'

고민하고, 또 고민했어요.

문제의 답에 이르는 길은 내가 스스로 찾아가야 했지요.
수학 교과서를 아무리 들춰 봐도 소용이 없어요.

머나먼 우주 깊숙이 여행을 떠나면 이런 느낌일까요?

끝을 알 수도 없고, 무엇이 있는지 알 수도 없는.

인공지능 탐구하기

수학 시간에 우리는 참 많은 '약속'을 합니다.

반으로 접거나 반 바퀴 돌리면 처음 도형과 완전히 겹치는 도형을

각각 선대칭도형과 점대칭도형이라고 부르자고 정한 것처럼요.

그보다 더 멋지고 독특한 이름을 짓고 싶은 마음이 들지도 몰라요.

그래도 '반반 도형'이나 '돌려도 똑같아 도형'이라고 할 수는 없어요.

여러분이 이 책에서 만나게 될 모든 새로운 개념도 마찬가지예요.

세계에서 공통으로 사용되는 표준적인 용어들이 대부분입니다.

그래서 수업의 주제가 되는 핵심적인 단어는 **굵게** 표시하고

그에 해당하는 영어 표현도 괄호 안에 함께 제시했어요. (이렇게요!)

이다음에 여러분이 더 자라 다른 나라 사람들과 협업하게 될 때

정확한 용어를 사용하며 서로 원활하게 소통하길 바라는 마음에서요.

1교시 수학 시간에 있었던 일을 바탕으로 우리가 알아볼 개념은

인공지능이 스스로 배우는 방법인 머신 러닝과 딥러닝이에요.

이때 '러닝'은 달리기(Running)가 아니라 배우기(Learning)랍니다.

그런데 머신 러닝과 딥러닝은 배움의 방식에서 조금 달라요.

'머신'(Machine/기계)과 '딥'(deep/깊은)이라니.

어떻게 다른 걸까요?

책장을 바로 넘기지 말고, 여러분도 잠시 '스스로' 생각해 보세요.

우리말로 '기계 학습'이라고 하는 **머신 러닝**(Machine Learning)은

인공지능이 주어진 데이터를 바탕으로 스스로 규칙을 찾아내고

그 규칙을 새로운 상황에 올바르게 적용하도록 학습하는 능력이에요.

여기서 말하는 **데이터**(Data)란 글자, 숫자, 그림, 사진, 소리 등

컴퓨터가 이해하고 처리할 수 있는 다양한 정보랍니다.

머신 러닝에서는 인공지능이 효과적으로 배워갈 수 있도록

좋은 데이터를 준비해 주는 게 중요해요.

머신 러닝은 아까 알아본 코딩과는 달라요.

인간이 컴퓨터에 하나하나 명령을 내리지 않아도 됩니다.

인공지능은 주어진 데이터를 스스로 분석하며 점점 더 똑똑해져요.

머신 러닝은 곧 알아볼 딥러닝과도 달라요.

어떤 정보를 기준으로 학습할지 인간이 직접 정해줘야 하거든요.

인공지능이 알아서 데이터의 중요한 특징을 찾기는 힘들어요.

머신 러닝에는 대표적으로 세 가지 학습 방식이 있어요.

남은 수업 시간 동안 하나씩 찬찬히 살펴볼 거예요.

걱정하지 마세요. 아직 1교시밖에 되지 않은걸요?

그러면 이름이라도 우선 알고 싶다고요? 알겠어요.

지도 학습, 비지도 학습, 강화 학습이랍니다.

머신 러닝으로 고래를 알아보는 인공지능을 만든다고 상상해 볼게요.

"인공지능아, 잘 봐봐. 이런 게 고래야."

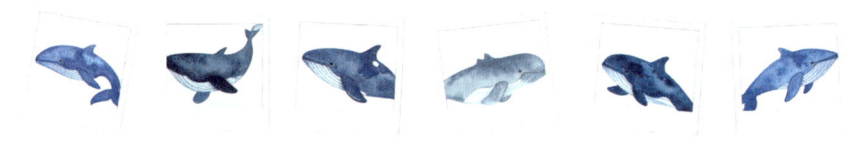

머신 러닝에서는 인간이 인공지능에 다양한 고래 사진을 보여주어요.
큰 고래, 작은 고래, 머리만 나온 고래, 꼬리만 나온 고래…

수평으로 퍼진 지느러미 모양이나 머리 꼭대기에 있는 숨구멍처럼
고래만의 눈에 띄는 특징이 있다는 것 또한 인공지능에 알려주어요.
반대로 "이것도 봐. 이런 건 고래가 아니야."라고 알려주기도 하죠.

인공지능은 입력된 사진들, 즉 데이터를 통해 고래를 배워나가요.

'이런 지느러미… 이런 머리 위 구멍… 이거 아는데? 아, 고래야!'

'이렇게 긴 주둥이는 본 적이 없어… 아마도 다른 동물인 것 같아.'

충분한 학습을 마친 인공지능은 새로운 사진을 보고 판단하지요.

이것도 고래인지, 또는 그렇지 않은지 말이에요.

이쯤에서 다시, 이야기 속 수학 수업 장면으로 돌아가 봅시다.
여러분의 '진짜' 학교생활에서의 수학 시간을 그려봐도 좋고요.

학습 목표가 되는 수학적 개념이나 원리를 익히고,
수학 교과서에서 대표 문제를 선생님과 함께 푼 뒤,
수학 익힘 교과서에서 비슷한 문제를 스스로 풀어보고···
수학 시간에 우리는 흔히 이러한 흐름으로 공부하지요.

머신 러닝에서의 학습 과정과 닮은 구석이 있지 않나요?

수학 시간을 머신 러닝에 빗대어 생각해 본다면
학생은 인공지능, 선생님은 이를 이용하는 사람과 같죠.
선생님이 알려주는 수학적 개념과 원리는 학습을 위한 데이터고요.

이렇게 머신 러닝은 사람이 학습의 방향을 잡아주면
인공지능이 이를 바탕으로 알아서 학습하는 방식으로 이루어집니다.

문제를 풀수록 수학 실력이 늘죠?

노력이 (어지간하면) 배신하지 않는 건 인공지능도 마찬가지예요.

학습에 사용하는 데이터가 많을수록, 그리고 학습을 거듭할수록

머신 러닝의 정확도가 높아져요.

물론, 양만 중요한 건 아니에요.

틀린 데이터가 많다면 머신 러닝 학습 결과 또한 엉망일 테지요.

아무리 학습을 많이 해보았자 헛수고일 뿐입니다.

인공지능이 내놓은 결과가 정확하지 않기만 하면 그나마 다행이에요.

때로는 사회적인 약속에 어긋나기도 하기 때문에 유의해야 해요.

따라서, 다양하면서도 정확한 데이터를 인공지능에 주어야 합니다.

흠… 오늘 진도를 어디까지 나갈까 잠깐 고민이 되네요.

인공지능이 지나치게 학습을 많이 해도 또 문제가 생기기는 하지만,

그 문제에 대해서는 우리 내일 공부하도록 해요.

한편, **딥러닝**(Deep Learning)은

컴퓨터가 사람처럼 정보를 처리하고 학습하도록 설계된 기술이에요.

머신 러닝의 한 종류이지만, 훨씬 더 복잡하고 깊은 구조를 이루죠.

인공지능은 층층이 계산을 수행하며 주어진 데이터를 분석해요.

이러한 과정을 반복하며 스스로 의미 있는 정보를 뽑아내는 거예요.

딥러닝으로 고래를 알아보는 인공지능을 만든다고도 상상해 볼게요.

"인공지능아, 이건 고래야. 그리고 이것도 고래야."

딥러닝에서도 인간이 인공지능에 다양한 고래 사진을 보여주어요.
큰 고래, 작은 고래, 머리만 나온 고래, 꼬리만 나온 고래…

하지만 그다음부터는 머신 러닝과 조금 다릅니다.
사람이 "이쪽을 유의해서 보겠니?" 하고 따로 일러주지 않아도
인공지능은 고래들의 공통점을 찾아내지요.
지느러미 모양이든, 머리 꼭대기의 숨구멍이든, 또 다른 무엇이든.
다양한 자세와 각도의 고래, 심지어 흐릿한 사진 속의 고래에서도
본질적인 특징을 쏙쏙 뽑아낸답니다.

이렇게 반복 학습을 통해 알아서 깨우친 고래의 특징을 근거로 하여
인공지능은 새로운 사진 속의 동물이 고래인지 스스로 판단합니다.

딥러닝이 이렇게 놀랍도록 똑똑한 핵심적인 비법은

인공신경망(Artificial Neural Network)이라는 구조입니다.

이는 우리 뇌의 정보 처리 방식을 따라 만든 컴퓨터 시스템이에요.

쭈글쭈글 주름이 가득한 뇌의 겉모습을 지나, 더 안쪽으로 가볼게요.

사람의 뇌에는 뉴런(neuron)이라는 신경세포들이 있어요.

이 뉴런끼리 연결되어 뇌에 입력된 정보를 전달하고 처리합니다.

인공신경망도 비슷해요. 뉴런을 닮은 **노드(node)**들이 연결되어 있죠.

노드는 크게 세 종류의 층(Layer)으로 구분됩니다.

입력된 정보를 받아들이는 **입력층**(Input Layer)

받아들인 정보를 처리하는 **은닉층**(Hidden Layer)

처리한 결과를 보여주는 **출력층**(Output Layer)

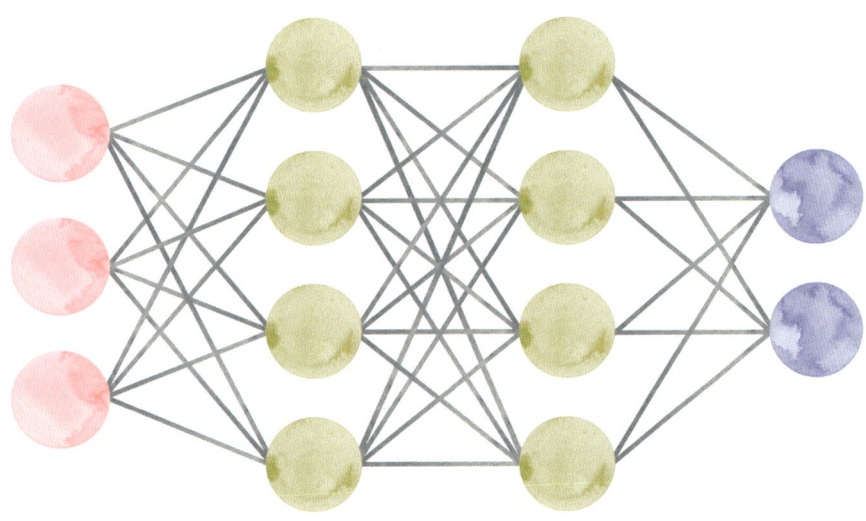

입력, 출력은 알지요? 그 가운데에 있는 은닉은 숨긴다는 뜻이에요.

딥러닝에서는 그 숨겨진 층이 깊을수록 더 꼼꼼히 문제를 해결해요.

딥러닝 기술은 우리가 편리하고 즐거운 삶을 살아가게 해주어요.

내 마음을 읽기라도 하는 듯
취향에 꼭 맞는 영화나 음악을
척척 추천해 주어요.

어느 나라로 여행을 가든
뚝딱 실시간 번역이 되니
걱정이 없어요.

비밀번호를 누르지 않아도
카메라에 내 얼굴만 비추면
딸깍 잠금이 풀리지요.

빨간불에선 알아서 멈추고
꺾인 길에선 스르륵 핸들이 도는
자율주행은 또 어떻고요.

하지만 무엇이든 빛이 있다면 어둠도 있는 법이죠.

인공지능에 바람직하지 않은 데이터를 제공하면
그 안에 배어 들어 있는 편견이나 차별을 그대로 학습하기도 해요.
타인을 속이거나 괴롭히는 데 인공지능을 악용하는 일도 늘고 있죠.

올바른 가치에서 벗어난 기술은 사회의 질서와 신뢰를 무너뜨려요.
빛처럼 빠른 속도로 첨단기술이 발전하는 오늘을 살아가는 우리는
그 속에 숨은 어둠을 밝힐 윤리적 기준에 대해 항상 고민해야 해요.

달콤한 편리함만을 누릴 수는 없어요.

기술을 개발하고 사용하기 위해서는
책임감 있는 자세가 필요합니다.

달콤쌉쌀한 초콜릿처럼 말이에요.

인공지능의 딥러닝 능력은
매일매일 눈부시게 발전하고 있어요.

이렇게 인공지능이 앞으로도
갈수록 더 똑똑해진다고 해도
여전히 인간만이 해낼 수 있는 일로는
무엇이 남을까요?

도서관에서 알아보는
지도 학습

학교에서 생긴 일 알아보기

오늘은 수요일. 도서관 활용 수업이 있는 날이에요.

우리 반이 학교 도서관을 통째로 쓸 수 있는 소중한 시간이랍니다.

우리는 지난주에 빌린 책을 챙겨 도서관으로 갈 준비를 했어요.

선생님께서는 평소와 다르게 국어 교과서도 챙기라고 말씀하셨지요.

도서관으로 향하는 동안 내 발자국마다 작은 물음표가 따라 찍혀요.

"오늘은 자유롭게 책을 골라 읽는 대신 '독서 단원'을 살펴볼게요."

아하! 왜 오늘은 국어 교과서가 필요한지 이제 이해가 되었어요.

이번 시간에는, 수많은 책이 우리의 손길을 기다리는 도서관에서

읽고 싶은 책을 빠르게 찾는 방법에 대해 알아본다고 해요.

"이렇게 책장마다 빽빽하게 꽂힌 책들 속에서

어떻게 내가 읽고 싶은 책을 콕 집어 찾아낼 수 있을까요?"

흠… 잘 모르겠어요. 그동안 생각해 본 적이 없어요.

자유롭게 돌아다니며 '느낌'이 딱 오는 책을 뽑아 읽곤 했거든요.

"선생님이 딱 여러분 나이였을 때 특히 좋아했던 책이 있어요."

선생님은 그 책의 제목과 작가를 소곤소곤 알려 주셨어요.

도서관에는 우리 선생님의 목소리만 울려 퍼져요.

선생님 어깨 너머로 보이는 많고 많은 책은 모두 말이 없어요.

도서관에는 이제 우리들의 발소리도 울려 퍼져요.

꼭 책과 함께하는 고요한 숨바꼭질 같았어요.

꼭꼭 숨은 책들을 어떻게 해야 빨리 찾아낼 수 있을까요?

책에는 머리카락도 없는데 말이에요.

오늘은 보물찾기 운이 없나 봐요. 누구도 그 책을 찾지 못했어요.

아쉬운 기색이 가득한 우리 얼굴을 보며 선생님은 미소 지으셔요.

"모래사장에서 바늘을 찾는다는 게 이런 상황이구나 싶지요?

얼른 나를 찾아달라고 저 멀리서 책이 아우성치는 것만 같네요.

도서관에서 책들은 내용에 따라 끼리끼리 모여 있어요.

도서관 책에는 숫자가 써진 스티커가 앞표지와 책등에 붙어 있죠?

청구 기호는 이렇게 책을 분류하고 정리하고자 붙인 번호예요."

"아하, 청구 기호를 알면 훨씬 쉽게 책을 찾을 수 있겠네요.

아까 그 책의 청구 기호를 알려주세요, 선생님!"

아니나 다를까, 무엇이든 재빨리 해내는 이슬이의 목소리예요.

"혹시 노래방에서 어떤 회사의 기계를 쓰는지에 따라

똑같은 곡이라도 번호가 다를 수 있다는 걸 알고 있나요?"

우리들의 머릿속에서는 갑자기 화려한 조명이 뱅글뱅글 돌아가요.

우리는 앞다퉈 자기가 노래방에서 가장 잘 부르는 노래를 뽐내요.

조용하던 도서관이 순식간에 왁자지껄해져요.

"다시 선생님 얘기에 집중해 볼까요? 청구 기호도 마찬가지예요.

같은 책이라도 어느 도서관에 있는지에 따라 조금 다르기도 해요.

하지만 청구 기호 앞쪽의 숫자 부분은 대부분 비슷합니다.

기본적으로 '한국 십진분류법'에 따라 분류되었기 때문이에요."

"십? 숫자 10이에요, 선생님?"

"맞아요. 십진분류법은 책을 내용에 따라 분류하는 방법이에요.
이 세상 모든 지식을 10개 주제로 나누어서 그런 이름이 붙었죠."

"1번 분야는 뭐예요? 어떤 분야부터 시작해요?"

"땡! 시작은 바로 0이랍니다. 0부터 9까지 해서 10개 분야거든요.
0번은 총류예요. 그러니까, 모든 분야에 관련된 책들이 속해요.
예를 들면… 백과사전? 어떤 책들인지 바로 이해가 되지요?"

그렇다면 다른 번호에는 어떤 주제의 책들이 있는지도 궁금해졌어요.

하지만, 선생님은 더 이상 쉽게 알려주지 않으셨어요!

"이 책들의 분류 번호는 숫자 9로 시작한다는 공통점이 있어요.
과연 마지막 900번대에는 어떤 주제를 가진 책들이 있을까요?"

"이집트 피라미드?

프랑스 혁명?

주제는 세계 같아요!"

"맞아. 내 생각에도 그래.

에디슨, 세종대왕, 피카소…

모두 세계적인 인물 아니야?"

"그런가? 조금 헷갈려.

삼국시대나 독립운동은?

우리나라 역사 아니야?"

"900번의 주제는 역사랍니다. 역사적 사건과 인물을 다루죠."

"다른 예도 살펴봅시다. 이번에는 모두 600번대에 속해요.

책 제목들을 쭉 살펴보세요. 공통된 큰 주제는 무엇일까요?"

"피아니스트, 오케스트라,

악보, 우리 국악기, 지휘자….

음악인가?"

"아니야. 저기 미술도 있잖아.

『우리 민화가 품은 색깔』

같은 책 말이야."

"『처음 만나는 뮤지컬』은

공연 얘기 아니야?

무대 미술에 관한 책도 있고."

"아! 예술이요, 선생님!"

000 총류

100 철학

200 종교

300 사회과학

400 자연과학

500 기술과학

600 예술

700 언어

800 문학

900 역사

우리는 이렇게 실제 책들을 살피며 분류 번호별 주제를 익혔어요.

청구 기호의 백의 자리 숫자가 같으면 비슷한 주제의 책인 거래요.
십의 자리나 일의 자리 숫자는 다르더라도, 소수점이 있더라도요.
알쏭달쏭한 암호 같던 숫자들의 비밀을 드디어 알게 되었어요.

"자, 그럼 배운 내용을 잘 기억하는지 퀴즈를 내보겠습니다.

선생님이 보여주는 책의 청구 기호 숫자는 몇 번 대일까요?

만약 정답을 알겠다면 재빨리 손을 들어 주세요.

책의 중심 내용은 제목에 드러난다는 걸 잊지 말아요, 여러분!"

우당탕 오답이 쏟아지고, 까르르 웃음이 쏟아져요.

퀴즈가 끝나갈 즈음이 되자 여기저기서 척척 정답을 말해요.

이제 도서관에서의 고요한 숨바꼭질에서 이기는 건 시간문제예요.

내가 찾는 책의 청구 기호를 도서 검색대에서 알아내기만 하면요.

"청구 기호와 친해지고 나니 이제 수업 시간이 10분 남았네요.
남은 시간 동안은 평소처럼 자유롭게 책을 찾아 읽어도 됩니다.
일주일 동안 틈틈이 읽을 책을 빌리는 것도 물론 잊지 마세요."

선생님의 말씀이 끝나자, 우리는 민들레 홀씨처럼 사르르 흩어져요.
십진 분류와 청구 기호를 익히니 책과 부쩍 가까워진 기분이에요.
도서관 책장 옆면마다 붙은 안내판이 이제야 눈에 들어와요.
역시 세상은 아는 만큼 보이나 봐요. 더 많은 걸 알아가고 싶어요.

'곰곰이 생각해 보니
그동안 나는
800번대 문학 분야에서만
많이 골라 읽은 것 같아.

왠지 내 취향에 맞는 책들은
이쪽 책장에 몰려있더라.
우연이 아니었어.

앞으로는 책도 편식하지 말고
골고루 읽어야겠다.'

도서관에서 오늘도 마음의 양식을 가득 쌓았어요.

인공지능 탐구하기

복습해 봅시다. 머신 러닝이란 무엇이었죠?

설마… 쉬는 시간 동안 벌써 잊어버린 건 아니겠지요?

에이, 농담이에요. 까먹었으면 어때요. 괜찮아요.

오늘 처음 익힌 개념인데 그럴 수도 있죠.

사용자가 입력한 정보, 그러니까 데이터를 바탕으로

기계가 스스로 규칙과 구조를 학습해 나가는 것이 머신 러닝이었죠.

지난 수업 시간에 가볍게만 이야기하고 지나간 내용이 있었어요.

머신 러닝에는 지도 학습, 비지도 학습, 강화 학습이 있다는 거였죠.

그중 가장 먼저 지도 학습부터 알아보고자 해요.

조금 전 도서관 수업에서 있었던 일을 돌아보면서요.

지도 학습(Supervised Learning)은

데이터와 그에 연결된 '정답'을 활용하여

인공지능 알고리즘을 학습시키는 머신 러닝 방법이에요.

여기에서의 '지도'란 기호와 범례, 등고선, 축척과는 관련이 없어요.

선생님이 지금 하고 있는 것처럼, 무언가를 가르친다는 뜻이에요.

지도 학습에서는 사람이 인공지능에 데이터의 '정답'을 가르쳐줘요.

인공지능은 그 '정답'을 나침반 삼아 데이터의 특징을 익혀나가요.

이 과정을 반복하고, 또 반복하며 충분히 학습한 인공지능은

새로운 입력 데이터가 들어왔을 때 정확한 판단을 내릴 수 있어요.

1교시가 기억나나요?

"인공지능아, 이런 게 고래야."

하면서 사진을 보여주었잖아요.

그때의 '정답'은? '고래'였지요!

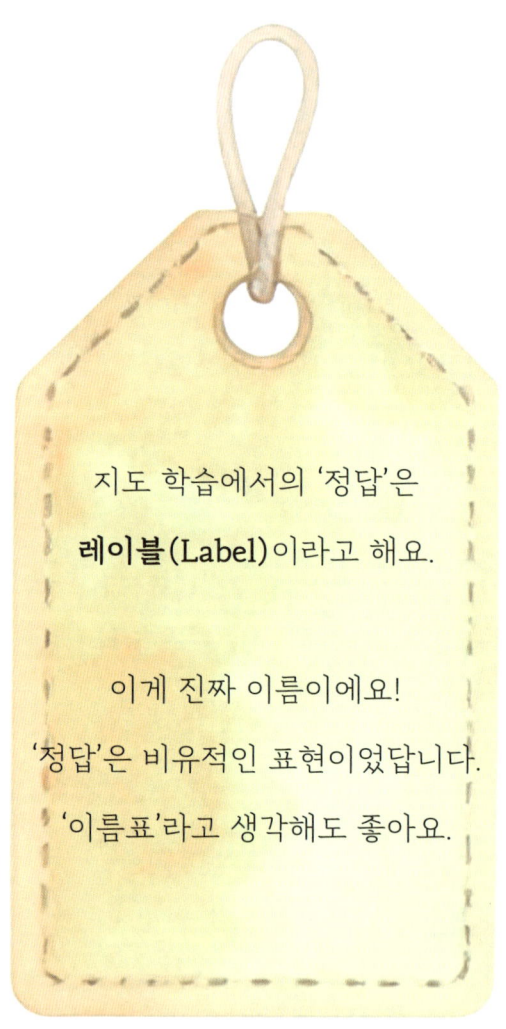

지도 학습에서의 '정답'은
레이블(Label)이라고 해요.

이게 진짜 이름이에요!
'정답'은 비유적인 표현이었답니다.
'이름표'라고 생각해도 좋아요.

그렇다면 이번 이야기 속 상황에서 레이블은 무엇일까요?

'900 역사', '600 예술' 같은 책의 분류 분야가 바로 레이블이죠.

이야기 속 학생들을 인공지능이라고 생각해 볼게요.

선생님이 학생들에게 여러 책을 보여주던 장면, 기억나나요?

이때 책들은 머신 러닝을 위해 입력된 데이터라고 볼 수 있어요.

그럼, 어떤 책이 분류된 분야는 무얼 의미할까요? 그렇죠, 레이블!

인공지능, 아니 학생들은 음악, 악기, 조각, 사진, 연극, 디자인 등

예술과 관련된 책은 600번대에 속한다는 것을 이제 알게 되었어요.

왜 플루트는 금관 악기가 아니라 목관 악기 가족일까요?

이상하지요. 매끈매끈한 은빛으로 반짝이고 있는데 말이에요.

그 이상한 '레이블'의 실마리를 얼른 찾아내고 싶다면⋯

좋아요, 우선 600번대 책들이 모여 있는 책장으로 가면 되겠어요!

한편, 지도 학습에는 크게 두 가지 기법이 있어요.

하나는 분류, 다른 하나는 회귀라고 불러요.

분류는 일상생활에서도 참 자주 쓰는 말이죠. 그 분류가 맞아요.

반면, 회귀는 아마 여러분 대부분 처음 들어보는 말일 거예요.

분류와 회귀를 소개하기 전, 잠깐 데이터 얘기를 다시 해볼게요.

지도 학습을 분류와 회귀로 가르는 기준은 데이터의 특성이거든요.

범주형 데이터는 분류 기법을,

연속형 데이터는 회귀 기법을 써요.

회귀도 낯선데, 범주형은 또 뭐고 연속형은 또 뭔지 싶지요?

괜찮아요. 아직 잘 모르겠는 게 당연해요.

각 데이터의 의미와 예시를 살펴보겠습니다.

범주형 데이터(Categorical Data)는

이름표가 붙은 주머니 어딘가에 쏙 넣어버릴 수 있는 데이터예요.

'범주'라는 말이 어렵게 들린다면, '종류'라고 생각해 보세요.

연속형 데이터(Continuous Data)는

숫자로 명확하게 나타내어 크기나 양을 비교할 수 있는 데이터예요.

어떤 수와 수 사이에는 셀 수 없이 많은 수가 있지요. 연속적으로요.

분류(Classification)에서 인공지능은

입력된 데이터가 주어진 무리 중 어디에 속하는지 판단해요.

이때 범주형 데이터가 들어갈 수 있는 무리,

그러니까 '이름표가 붙은 주머니'는 처음부터 정해져 있어요.

지도 학습에는 정답이 있다고 했잖아요.

맞아요. 레이블 말이에요.

'주머니에 붙은 이름표'는 레이블을 뜻한다는 거, 알지요 여러분?

분류는 데이터를 몇 개의 무리로 구분하는지에 따라 또 갈려요.

둘로 나뉘는 **이진 분류**(Binary Classification)와

여럿으로 나뉘는 **다중 분류**(Multiclass Classification)로 말이죠.

예컨대 우리 반 학생들의 동생을 성별에 따라 구분한다고 해봅시다.

이 경우는 이진 분류에 해당하겠지요.

여동생도, 남동생도 아닌 아이는 없으니까요.

그럼, 다중 분류의 사례에는 무엇이 있을까요?

이번에는 스스로 한번 생각해 보세요. 아주 많은 예시가 있겠죠.

회귀(Regression)에서 인공지능은

입력 데이터를 기반으로 하여 숫자로 이루어진 값을 예측해요.

이번에는 주머니 말고 뭐가 좋을까….

아, 자판기를 떠올려 보세요. 돈을 넣으면 음료수가 뽕 나오는.

지도 학습 자판기에 숫자로 이루어진 연속형 데이터를 넣으면

인공지능은 또 다른 숫자 데이터를 뽕 꺼내 줍니다.

내가 고른 음료수가 나오는 것처럼 데이터가 출력되는 거예요.

여러분이 단번에 이해할 수 있는 회귀의 예시를 하나 말해 볼게요.

아침마다 정해진 수만큼 줄넘기 연습을 하는 토끼가 있대요. 깡충!

3월에는 30번, 4월에는 35번, 5월에는 40번을 뛰었대요. 깡충깡충!

그렇다면, 이 토끼는 6월이 되면 몇 번을 뛸까요?

매달 5번씩 늘고 있으니까… 40에 5를 더한 45번이요? 딩동댕!

회귀는 이렇게 숫자들 속 규칙을 찾아 이어지는 숫자를 짐작해요.

혹시 여러분도 '스팸 문자'를 종종 받나요? 맞아요, 참 귀찮지요.

더군다나 어른이 되면 여기저기 누리집에 가입할 일이 늘어나서

스팸 문자뿐만 아니라 스팸 메일까지 무척 자주 날아온답니다.

이메일에는 스팸 메일함이, 문자에는 스팸 문자함이 있어요.

원하지 않는 광고 메일이나 문자를 자동으로 걸러 모아두는 곳이죠.

바로 여기서, 지도 학습은 부지런히 제 역할을 해나가고 있어요.

"이건 스팸이야.", "이런 문자는 문제없고.", "이것도 괜찮아."

처음에는 사람이 직접 '정답'과 '오답'을 하나하나 알려주어요.

데이터에 붙은 레이블을 참고하며 학습한 인공지능은 스스로 깨쳐요.

'광고', '무료', '바로 연결', '오늘만' 같은 단어를 포함한다면

스팸 문자 또는 메일일 가능성이 크다는 것을 말이에요.

충분한 학습을 거친 인공지능은 새 메일을 척척 알맞게 처리해요.

가르친 보람이 있네요.

이 대표적인 지도 학습의 사례는

분류일까요? 회귀일까요?

맞아요. 분류 기법입니다.

선생님도 가르친 보람을 느껴요.

만약 지도 학습을 한 인공지능이

제대로 작동하지 않는다면

어떻게 정확도를 높일 수 있을까요?

체육관에서 알아보는
비지도 학습

학교에서 생긴 일 알아보기

우리 반 친구들 대부분이 제일 좋아하는 과목은 단연 체육이에요.
왜 하필 체육은 일주일에 이틀밖에 없을까요? 더 많으면 좋을 텐데.
국어는 매일 배우고, 수학도 거의 매일 시간표에 있는데 말이에요.

언젠가 우리는 선생님께 진심 어린 투정을 부리며 여쭤보기도 했어요.
선생님은 해마다 듣는 이야기라며 익숙하다는 듯 설명해 주셨어요.
우리가 학년마다 어떤 과목을 몇 시간씩 배우는지는 정해져 있대요.
선생님은 국가 교육과정에서 그 부분을 직접 보여주시기도 했어요.
선생님이 우리를 사랑하는 마음과는 따로라고 하니, 어쩔 수 없죠.
음식도 좋아하는 식품만 먹으면 몸에 해로운 것과 마찬가진가 봐요.

수업 시간은 바꿀 수 없지만, 우리의 마음가짐은 언제나 우리의 몫!
이제 우리는 투덜대는 대신 땀 흘리는 순간의 즐거움에 집중해요.

요즘 우리 학년은 농구를 배우고 있어요.

우리 팀 친구와 손발을 맞추며 패스에 성공하는 뿌듯함.

상대 팀 친구가 드리블하는 공을 재빨리 가로채 빼앗는 짜릿함.

골대 높이 매달린 링을 향해 공을 힘차게 던지고 난 후의 설렘.

링을 돌던 공이 마침내 네트를 통과하는 걸 보는 기쁨.

농구는 우리 모두 체육이 있는 날을 기다리게 해요.

그런데 지난 농구 수업에서는 갈등이 있었어요.

우리 반 체육 시간의 평화가 그만 깨지고 만 거예요.

1 3 5 7 9

체육 시간에는 팀을 갈라 서로 실력을 겨루는 활동이 많아요.

그럴 때면 우리 반은 홀수 팀과 짝수 팀으로 나누곤 했어요.

이렇게 학급에서의 자기 번호에 따라 팀을 정하면 편리해요.

시간을 아껴서 빠르게 활동을 시작할 수 있으니까요.

그동안에는 번호로 팀을 나누어도 모두 즐겁게 참여했어요.

그런데 농구 경기에서는 달랐어요.

모두가 알다시피 농구는….

키

가

커

야

훨씬

유리하니까요!

하필이면 우리 반에는 키가 큰 학생들이 홀수 팀에 몰려 있어요.

농구 경기를 직접 해보는 건 지난 시간이 처음이었어요.
이전까지는 공을 다루는 방법이나 기본적인 동작을 연습했거든요.

우리는 지금까지 늘 그랬듯이
홀수 번호끼리, 짝수 번호끼리 팀을 이루고 첫 경기를 시작했어요.

처음에는 모든 학생이 열심히 경기에 참여했어요.
하지만 어쩐지 갈수록 체육관의 공기가 변해가는 것만 같았어요.
기운찬 뜀박질 사이로 뾰족한 가시들이 스멀스멀 돋아나고 있었지요.

연달아 골을 넣고, 또 넣은 홀수 팀 학생들은 신나게 환호했어요.
두 팀의 점수 차는 금세 크게 벌어지고 말았어요.

짝수 팀 학생들은 열심히 해봤자 이길 수 없다고 생각하게 되었죠.
점점 열정이 사그라든 채 경기에 임하게 될 수밖에요.
그러자 같이 경기하는 홀수 팀 학생들도 덩달아 기운이 빠졌어요.

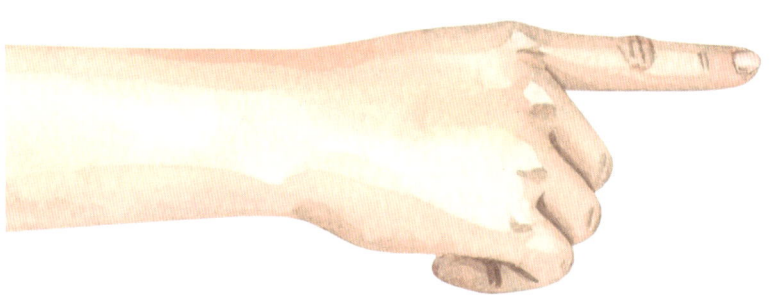

"야, 너희 왜 걸어 다녀? 그러니까 경기가 재미없잖아!"

"너희만 유리한데 무슨 재미야? 이건 너무 불공평해!"

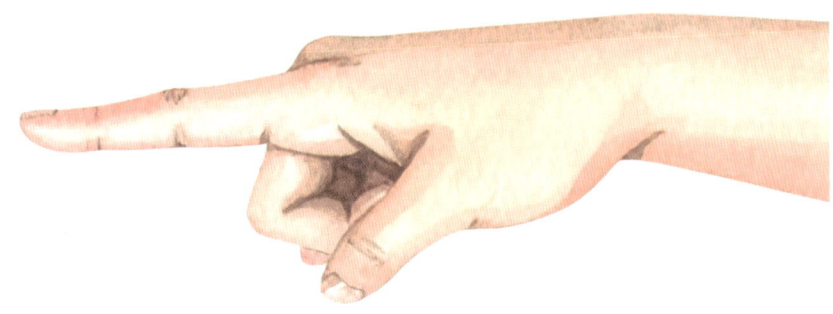

티격태격. 다툼은 점점 커져만 갔어요. 결국, 경기는 엉망이 되었죠.
체육 선생님께서는 우리가 몰려 있는 쪽으로 서둘러 달려오셨어요.

"흠⋯ 여러분의 얘기를 들어보니 양쪽의 상황이 모두 이해되네요.
그럼, 다음 경기는 새로운 방법으로 팀을 나누어서 해봅시다.
만약 그래도 갈등이 생긴다면 다 같이 또 의논을 해보면 되고요.
첫 번째 체육 시간에 했던 약속을 모두 잊지 않았지요?
모두가 안전하고 즐겁게 경기에 참여하는 게 가장 중요하잖아요.
3분 정도 잠시 휴식하며 마음을 가다듬고, 다시 모이겠습니다."

이번에 팀을 짜는 건 체육 선생님도 도와주시기로 했어요.
이제까지와 달리 흥미진진한 경기를 할 수 있는 팀을 정하도록요.

그런데 전화를 받고 급한 업무를 처리하러 나가셨던 선생님께서는
시간이 벌써 꽤 흘렀는데도 아직 체육관으로 돌아오시지 않았어요.
1분이 아쉬운 체육 수업 시간은 계속 흘러가고 있었는데 말이에요!
웅성웅성. 다시 작은 소란이 물결처럼 번져나가기 시작했어요.

"얘들아, 우리 이렇게 해보는 건 어때?"

그때, 우리 반 반장을 맡고 있는 햇살이가 밝은 목소리로 말했어요.
우리 모두의 시선은 햇살이를 향해서 모였어요.
잠잠해진 체육관은 다독거리는 햇살의 손길에 잦아든 물결 같았죠.

평화로운 농구를 위한 우리만의 작전은 이렇게 시작되었어요.
과연 우리는, 선생님 없이도 우리끼리 잘 해낼 수 있을까요?

부리나케 달려오시는 체육 선생님의 모습이 저 멀리에서 보여요.

"미안해요, 여러분. 오래 걸렸죠? 통화가 생각보다 길어졌어요.
체육 시간이 많이 남지 않았으니 얼른 새로운 팀을 정해볼까요?"

"괜찮아요, 선생님! 그러실 수도 있죠.
선생님께서 돌아오시길 기다리며 우선 저희끼리 팀을 짜보았어요.
많은 친구가 공정하다고 생각하는 방법으로요.
만약 이번에도 갈등이 생긴다면, 다시 고민해 볼게요!"

햇살이는 체육 선생님께 우리가 정한 팀이 적힌 종이를 드렸어요.

"이야, 정말 기특하네요! 힘 모아 해결하려는 자세가 대견합니다.
여러분은 시간을 더 슬기롭게 활용하는 방법을 잘 알고 있네요."

모두의 어깨가 으쓱했어요. 역시 다툼에 시간을 쓰는 건 아까워요.

상대 팀에 대한 원망으로 가득했던 마음은 어느새 보송보송해졌어요.
얼른 다시 경기하고 싶은 우리는 하나둘 운동화 끈을 고쳐 매요.

"선생님, 안녕하세요. 제가 이제야 학교에 와서요."

그때, 뒤쪽 체육관 문이 갑자기 열리며 명랑한 목소리가 들려왔어요.
아침에 병원에 다녀오느라 학교에 늦는다고 했던 하늘이에요.

"그래. 어서 오렴, 하늘아. 진료는 잘 받고 왔니? 몸 상태는 어때?
안 그래도 친구들이 네가 병원에 들렀다 온다고 얘기해줬어.
오늘부터는 이렇게 새롭게 팀을 정해 농구를 하기로 했대.
반 친구들이 직접 나눈 거란다. 선생님도 방금에서야 확인했어."

선생님께서는 들고 있던 종이를 하늘이에게 건넸어요.

"나는 초록팀이네? 알겠어, 얘들아. 얼른 농구 경기를 하고 싶다."

그런데 종이를 계속 보던 하늘이의 표정이 사뭇 진지해졌어요.
하늘이의 눈에는 설렘과 의아함이 뒤섞여 일렁이는 듯했어요.

"얘들아, 그런데 이건 어떤 기준으로 나눈 팀이야?
홀수와 짝수는 당연히 아니고, 그렇다고 키 순서도 아니고.
저번에 봤던 체육 수행평가 결과랑도 상관없는 것 같은데.
뭐지? 무언가 공통점이 있기는 할 건데 뭔지 잘 모르겠어."

"맞아. 다 아니야. 이번에는 완전히 새로운 방법으로 나눠 보았어."

"우리가 어떻게 팀을 나눴냐면, 하늘아…"

벌써 발갛게 들뜬 얼굴로 여기저기서 재잘재잘.

우리들의 목소리가 저 멀리 체육관 천장까지 와글와글 울려 퍼져요.

통통 튀어 오르는 농구공처럼요.

아니, 톡톡 터져 나가는 팝콘처럼요.

이야기 속 체육 시간에 벌어진 일을 다시 생각해 볼까요?

농구 경기를 하기 위해 전체 학생을 두 팀으로 나누긴 나누었어요.

그러니까, 반 친구들을 어떤 기준으로 무리 지어 봤어요.

그런데 수업에 늦는 바람에 그 과정에 직접 참여하지 않은 하늘이는

어떻게 그렇게 팀이 나뉘었는지 단번에 알아채지 못하고 있지요?

이는 비지도 학습을 빗대어 그려본 상황이랍니다.

지난 시간에는 지도 학습을 배웠는데, 이번에는 비지도 학습이라니.

느낌이 오지요? 맞아요. '아닐 비(非)' 자가 앞에 붙은 거예요.

이는 비공개, 비폭력, 비공식 등에서 쓰이는 그 '비'랍니다.

지도와 비지도. 둘이 반대말 관계라는 건 영어에서도 마찬가지예요.

원래 단어의 뜻을 반대로 만들어주는 말 조각 'un-'이 앞에 생겨요.

비지도 학습도 지도 학습처럼 인공지능 머신 러닝의 한 종류예요.

이름에서부터 짐작할 수 있듯 "가르치지 않는다."라는 특징을 지녔죠.

인공지능에 무얼 가르치지 않냐고요? '정답'이요!

비지도 학습은 사용자가 '정답', 그러니까 레이블을 제시하지 않아요.

이것이 비지도 학습과 지도 학습의 핵심적인 차이점입니다.

비지도 학습(Unsupervised Learning)은

입력된 데이터의 처리 기준에 대한 '정답'이 주어지지 않은 상태로

인공지능이 데이터의 규칙이나 특성을 스스로 찾는 방법이에요.

비지도 학습의 대표적인 기법으로는 군집화와 차원 축소가 있어요.

군집화(Clustering)는

비슷한 특성을 가진 데이터끼리 무리 짓는 작업이에요.

그러니 반대로, 서로 다른 무리끼리는 차이가 크게 납니다.

인공지능은 군집화를 통해 데이터의 숨겨진 구조를 발견하곤 해요.

차원 축소(Dimensionality Reduction)는

데이터에 포함된 특성의 수, 즉 차원을 줄이는 작업이에요.

필요 없거나 겹치는 특성은 빼고 핵심적인 특성만 데이터에 남겨요.

복잡한 고차원의 데이터를 한결 간단하게 표현할 수 있게 되도록요.

각 기법을 구현하는 알고리즘들에는⋯ 네? 알겠어요. 일단 여기까지!

1교시에서 우리는 인공지능 머신 러닝의 중요한 특성을 익혔어요.
머신 러닝은 더 많은 데이터를 학습할수록 더 높은 정확도를 보이죠.
많으면 많을수록 좋다는 뜻의 '다다익선(多多益善)'이 떠오르네요.

그런데 그 많고 많은 데이터에 하나씩 전부 '정답'을 붙인다…?

인공지능에 학습을 시키기도 전에 진이 다 빠지겠어요!

이러면 데이터에 '정답'을 붙이는 작업, 즉 레이블링(Labeling)에서
시간이 오래 걸리고, 비용도 많이 드는 게 당연하겠지요.
비지도 학습에서는 지도 학습과 달리 그런 수고를 아낄 수 있어요.
그래서 비지도 학습은 방대한 양의 데이터를 처리하는 데 유리해요.

비지도 학습은 겉으로 드러나지 않는 데이터의 규칙을 발견해요.

또, 데이터의 특성 사이에 어떤 관계가 있는지 파악하기도 적합하죠.

인공지능이 데이터에 대한 정보를 미리 알지 못해도 괜찮아요.

이러한 특성 덕분에 비지도 학습이 빛을 발하는 순간이 또 있어요.

탐색적 데이터 분석

(**Exploratory Data Analysis**)은

인공지능이 본격적으로

데이터를 분석하게끔 하기 전

사용자가 자유롭게

데이터를 전체적으로 살펴보면서

탐색하는 과정이랍니다.

데이터 분석의 준비운동이랄까요?

이때 비지도 학습이 요긴하게 쓰여요.

여러분은 또, '동전의 양면', '양날의 검'이라는 말도 들어봤겠지요.

비지도 학습 상황에서는 인공지능에 '정답'을 주지 않는다고 했지요?
따라서 머신 러닝 모델이 잘 만들어졌는지 평가할 기준이 모호합니다.
이러한 불확실성은 비지도 학습 방식의 어두운 그림자와 같답니다.

때로 우리는 인공지능의 학습 결과를 곧장 이해할 수 없기도 해요.
앞서 살펴본 군집화 기법을 예시로 한번 살펴볼게요.

인공지능이 데이터를
이렇게 무리 지은 건
알겠어요.

그런데 '왜'
이렇게 끼리끼리
묶었는지는

우리가 보기에는
의아할 수도
있는 거예요!

또박또박 술술.

아까 읽은 이야기에서 햇살이는

하늘이에게 말로 설명해 주었겠지요.

새로운 농구 경기팀을

어떤 기준으로 나누었는지 말이에요.

그런데 인간과 인공지능이 이렇게 대화하는 세상은

아직은 오지 않았네요.

이러한 배경 속에서 점점 더 크게 주목을 받는

인공지능 연구 분야가 있어요.

설명 가능한 인공지능(Explainable AI/XAI)은

인공지능이 어떠한 과정을 거쳐 판단하거나 예측했는지

사람이 이해할 수 있도록 '설명'해 주는 기술입니다.

수학 문제의 풀이 과정을 친절하게 알려주는 선생님처럼 말이에요.

인공지능에 전국 그림 대회의 심사를 맡겨본다고 해봅시다.

밥도 먹지 않고, 씻지도 않고, 잠도 안 자는 인공지능 심사위원은

인간 심사위원보다 훨씬 빠르게 수상작을 결정해 알려주었어요.

하지만 왜 이 그림을 1등으로 뽑았는지 물어보자… 대답이 없네요.

그렇다면 우리는 인공지능 심사위원의 결정을 인정할 수 있을까요?

인공지능이 우리 삶 속 다양한 분야 곳곳에 깊숙이 들어올수록

설명 가능한 인공지능에 관한 관심 또한 커지고 있는 이유랍니다.

그림 대회 상이야 이번에 못 받았다면 다음을 기약해도 되지요.
그런데 자율주행에서처럼 생명과 안전이 걸린 선택이라면…?

설명 가능한 인공지능은 그래서, 딥러닝과 특히 연관이 깊답니다.
비지도 학습은 딥러닝보다는 단순해서 결과가 이해될 때도 많거든요.
딥러닝에 대해서는 1교시에 간단히 알아보았었지요. 기억나나요?
혹시 기억이 안 난다면 1교시 수업을 잠시 복습하고 와도 괜찮아요.

딥러닝은 '블랙박스(Black Box)'라는 별명을 가지고 있어요.
자동차에 달린 카메라랑 무슨 상관이냐고요? 아니요, 그거 말고요.
이름 그대로 새까만 상자라는 뜻이에요. 속이 전혀 보이지 않는.

딥러닝에서 인공지능은 여러 층에 걸쳐 복잡한 계산을 반복해요.
딥(deep)이 '깊다'라는 뜻이잖아요. 층이 많아서 그런 거랍니다.
그 모든 과정을 인간이 확인하며 완전히 이해하기는 어렵습니다.
왜 딥러닝이 블랙박스라고도 불리는지 짐작이 되지요?

그러니까 이런 거예요.

안에 무엇이 들어 있는지 모르는 까만 상자에 재료를 넣었더니

먹음직스러운 요리가 '짠' 하고 완성되어 나왔어요.

다만, 상자 안에서 어떻게 조리되었는지는 아무도 몰라요.

그런데 우리가 어떻게 안심하고 그 음식을 먹겠어요!

인공지능이 왜 그런 결정을 했는지 우리가 잘 이해할 수 있다면
그 결정을 함께 책임지며 다듬어갈 수도 있지 않을까요?
인공지능의 이모저모를 속속들이 이해하려는 우리의 노력은
인공지능이 신뢰받는 기술로 자리 잡는 밑거름이 되고 있어요.

인공지능이 없는 세상으로 결코 돌아갈 수 없는 오늘날,
선생님이 이런 '수업 속 수업'을 하고 있는 이유도 여기에 있어요.
오늘 여러분이 습득하는 모든 지식은 그 자체가 목표가 아니에요.
인공지능과 더욱 지혜롭게 어우러지기 위한 출발점이에요.
인공지능이 세상을 이롭게 하는 올바른 방향으로 쓰이도록 말이죠.

기술은 우리 눈에 보이지도, 손에 잡히지도 않아요.
그래서 우리는 지금 학교생활에 빗대어 인공지능을 탐구하고 있죠.
그런데 기술은, 쓰임에 따라 우리 마음에 색을 입히기도 합니다.
여러분은 어떤 빛깔의 기술을 쓰고 있나요?
무지갯빛? 아니면… 잿빛?

아니, 그런데…

왜 이 이야기를 1교시에서 말고 지금 하냐고요?

여러분이 아침잠에서 완전히 깨어나기를 기다렸답니다!

'딥'러닝에 얽힌 윤리적 고민까지.

'깊은' 얘기를 나눈 3교시였네요.

'정답'이 있는 데이터를 학습하고

데이터를 스스로 분류하거나 예측하는 지도 학습.

'정답'이 없는 데이터를 학습하고

데이터의 특성을 스스로 찾는 비지도 학습.

정답이 있는 건 여러분에게

편안함인가요, 아니면 답답함인가요?

정답이 없는 건 여러분에게

자유로움인가요, 아니면 불안함인가요?

보건실에서 알아보는
의사결정 나무

'이상하다. 왜 이러지?'

사실은 3교시 체육 시간부터 배가 살살 아파져 오기 시작했어요.

농구 시간을 놓치고 싶지 않아 애써 괜찮다고 주문을 걸었죠.

불편한 느낌은 4교시 국어 시간이 되어도 사라지지 않았어요.

"선생님, 저 배가 아파요. 화장실에 다녀올게요."

끄응.

변기에 앉아 힘을 주었어요.

기다려도 똥이 나오지는 않아요.

일단 교실로 돌아가야겠어요.

더 기다리면 나아지겠죠, 뭐.

146

"토론의 절차는 주장 펼치기, 반론하기, 주장 다지기로 나뉩니다.
자기주장을 펼칠 때는 어떤 점을 고려해야 한다고 했었지요?"

"주장을 뒷받침하는 근거가 필요해요."
"주장의 설득력을 높이기 위해 자료를 제시할 수도 있어요."
"출처가 정확한 자료를 활용해야 해요."

열심히 설명하시는 선생님의 말씀이 하나도 들리지 않았어요.
앞다퉈 발표하는 친구들의 목소리도 뒤섞여 윙윙댈 뿐이에요.

'오늘은 별로 생각이 없어 아침도 안 먹었는데, 왜 이러지?'

어째 배는 나아지기는커녕 조금씩 더 아파지고 있었어요.
그렇다고 화장실 신호가 오는 것도 아니었고요.
식은땀까지 나기 시작하는 느낌에 더는 참을 수가 없었어요.
담임 선생님께 소곤소곤 상황을 말씀드리고 보건실로 향했어요.

"선생님, 아까부터 배가 아파서 왔어요."

증상을 간단하게 말씀드리자, 보건 선생님께서 차례로 질문하셨어요.

"오늘 아침밥을 먹었니?"

"아니요. 평소에는 먹는데 오늘은 걸렀어요."

"그럼, 보건실에 오기 전에 화장실에 가봤니?"

"가기는 했는데, 똥이 마렵지는 않았어요."

"어디에 배를 부딪치지도 않았고?"

"네, 그런 일은 딱히 없었어요."

"윗배가 아프니, 아랫배가 아프니?"

"잘 모르겠는데… 아, 아랫배 쪽이에요."

"콕콕 찌르니? 아니면 사르르 아프니?"

"사르르 아픈 것 같아요."

"차근차근 얘기를 들어보니 어제 먹은 음식으로 탈이 난 것 같네."

나의 대답을 듣고 곰곰이 생각하시던 보건 선생님이 말씀하셨어요.

"그런 걸까요? 어제 매운 떡볶이를 먹기는 했어요. 이제 생각나요."

불이 난 혀를 식히려고 달콤한 주스까지 석 잔이나 마셨어요.
배탈이 날 만도 해요. 먹을 땐 맛있었는데 말이에요.

"이럴 때는 배를 따뜻하게 해주면 나아지기도 한단다.
배탈이 나아질 때까지 보건실 침대에 누워서 잠시 쉬다가 가겠니?
선생님이 따뜻한 찜질팩을 데워서 줄게. 조금만 기다리렴."

"네, 보건 선생님. 감사합니다."

이 아픔을 기억하며 앞으로는 더욱 건강한 식습관을 길러야겠어요.

따끈따끈한 찜질팩을 배 위에 올려놓자, 온몸으로 온기가 퍼져가요.
금방 배탈이 나을 것만 같은 느낌이 벌써부터 들어요.

아픔을 가라앉히며 침대에 가만히 누워있자니 금세 심심해졌어요.
아마 지금쯤 교실에서는 열띤 토론이 한창 벌어지고 있을 거예요.

그런데 이상해요. 어쩐지 익숙한 느낌이 들어요. 국어와 배탈…
생각은 꼬리에 꼬리를 물고 이어졌어요. 그러다 마침내 생각났어요.
지난번에 배앓이 때문에 보건실에 왔을 때도 국어 시간이었어요.
모둠 발표를 앞두고 배탈이 나는 바람에 친구들에게 미안했어요.

"그래? 그렇다면 아마 화장실에 다녀오면 괜찮아질 거야.
만약에 그래도 배가 계속 아프면 다시 보건실에 오겠니?"

그날에는 오늘과 달리 보건 선생님께서 이렇게 말씀해 주셨어요.
정말로 화장실에 들렀다가 오니 배가 편안해져서 신기했어요.

'그때도 배가 아프다고 하니

보건 선생님께서 같은 질문들을 하셨어.

그런데 내 대답이 달랐던 것 같아.

그때는 배가 다른 증상으로 아팠으니까.

평소처럼 아침도 먹고 왔던 날이었고.

그래서 이번에는 온찜질을 해주신 걸까?'

인공지능 탐구하기

"선생님, 저 보건실에 다녀올게요."

여러분도 학교 보건실에 들른 경험이 있지요?

심지어 많다고요? 아무렴. 그렇고말고요.

선생님도 우리 반 어린이들로부터 하루에도 몇 번씩 듣는 말이에요.

신나게 학교생활을 하다 보면 때로는 다치기도 하지요.

미술 시간에 가위에 손가락을 베어 피가 나기도 하고,

체육 시간에 달리다 넘어져 발목 인대가 늘어나기도 하고,

점심시간에 축구공에 맞은 이마가 부어오르기도 하잖아요.

선생님도 물론 보건실에 다녀온 적이 있어요.

급하게 그림 카드를 만들다가 그만 손가락 살까지 잘라버렸거든요!

이렇게 눈에 보이는 상처라면 금방 처치 방법을 알 수 있어요.

상처가 난 부분을 얼른 소독하고 반창고를 붙이면 되니까요.

또는, 부어오른 부분을 따뜻하거나 시원하게 찜질하면 되니까요.

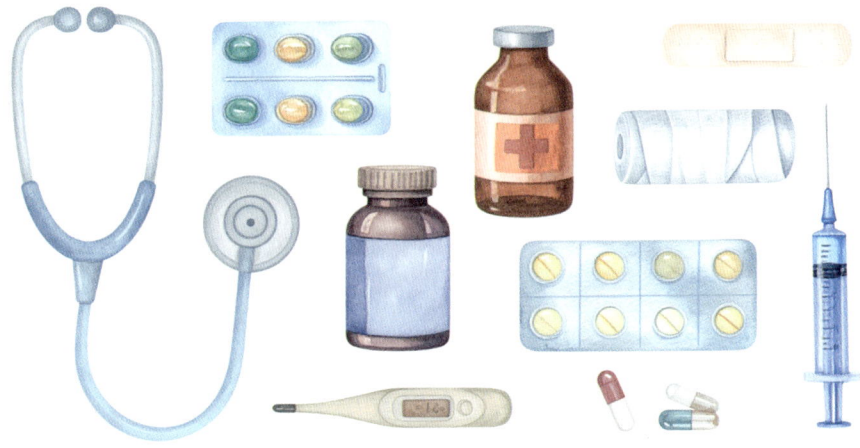

하지만 눈에 보이지 않는 증상이라면 어떻게 치료할 수 있을까요?

속이 메스껍다든지, 머리가 아프거나 어지럽다든지 할 때 말이에요.

이야기 속 상황에서처럼 배가 아플 수도 있고요.

앞선 이야기에서 보건 선생님은 배가 아프다는 '나'의 말을 듣고
왜 "윗배가 아프니, 아랫배가 아프니?"라고 물어보셨을까요?

'윗배'가 아프면 위에
'아랫배'가 아프면 장에
배탈의 원인이 있을 가능성이
아무래도 크기 때문이지요.

왜 배가 아픈지에 따라서
어떤 처치가 필요한지 달라지겠죠?
배가 어떻게 아픈지에 따라서도
치료 방법이 달라질 수 있겠고요.

보건 선생님은
아픈 학생의 문제 상황을
정확하게 파악하기 위해서
하나하나 질문을 건네며
하나하나 단서를 찾아갔던 거지요.
적절한 해결 방법을 알아내려고요.

"윗배가 아프니, 아랫배가 아프니?"라는 질문을 들었을 때
여러분은 "윗배요." 또는 "아랫배요."라고 얘기할 수 있을 거예요.
윗배가 아프다는 뜻으로 "위요.", "위쪽이요."라고 할 수도 있죠.
앞쪽에 제시된 선택지라는 의미로 "1번이요."로 말해도 뜻이 통해요.
우리 인간들이 나누는 대화란, 이렇게 복잡미묘한 매력이 있지요.

그런데 같은 질문을 인공지능에 하는 방법은 조금 달라요.
인공지능에는 "네." 또는 "아니요."라고 답할 수 있도록 물어요.

그렇다면 위의 똑같은 질문을 어떻게 바꾸면 좋을까요?

한 번에 하나씩 물어보면 돼요.

예를 들어서 "윗배가 아프니?"라고 말이죠.

만약 "네."라고 답하면 윗배가 아픈 거지요.

반대로 "아니요."는 아랫배가 아프다는 뜻이겠고요.

(인공지능이 배탈이 날 일은 없겠죠? 예를 들어볼 뿐이에요.)

얻고자 하는 정보는 결국 같지만

다른 방식으로 접근하는 거예요.

의사결정 나무(Decision Tree)는

의사, 즉 '무엇을 하고자 하는 생각'을 결정하는 걸 돕는 나무예요.

"예." 또는 "아니요."로 답할 수 있는 질문을 이어가는 학습 과정과

그 이어지는 답변을 통한 결론을 한눈에 보여준답니다.

우리는 1교시 수업에서 인공지능 머신 러닝이 무엇인지 배웠어요.

2교시 수업에서는 그 유형 중 하나인 지도 학습에 대해 알아보았죠.

의사결정 나무는 인공지능이 지도 학습을 하는 한 방법이에요.

여러분도 가장 쉽게 이해할 수 있는 알고리즘이라 소개하는 거예요.

지도 학습에 또 어떤 알고리즘이 있는지도 알려달라고요? 좋아요!

가장 가까운 데이터 k개를 보고 데이터가 속할 무리를 결정하는

k-최근접 이웃 알고리즘(k-Nearest Neighbors, kNN)도 있고요,

가장 합리적으로 데이터 무리를 나누는 선이나 면을 찾는

서포트 벡터 머신(Support Vector Machine, SVM)도 있어요.

그리고 또…, 네? 알았어요. 우리 나중에 더 알아보도록 해요.

그런데 왜 하필 의사결정 '나무'냐고요?

나뭇가지가 뻗어 나가는 모양과 닮았기 때문이에요!

의사결정 나무의 생김새는 거꾸로 뒤집혀 자라는 나무와 비슷해요.

하늘에 뿌리를 두어 땅으로 갈수록 가지가 무성해지는 나무 같지요.

의사결정 나무는 분류할 대상이 지닌 여러 가지 특징을 이용해요.

데이터의 각 특징은 갈림길에서의 이정표와 비슷한 역할을 해요.

데이터의 특징과 관련된 질문에

어떤 답을 하는지에 따라

나뭇가지가 연결되고

이어서

또 다른 나뭇가지가 연결되고

연결된 가지들의 맨 끝에 이르면

결과가 드러나요.

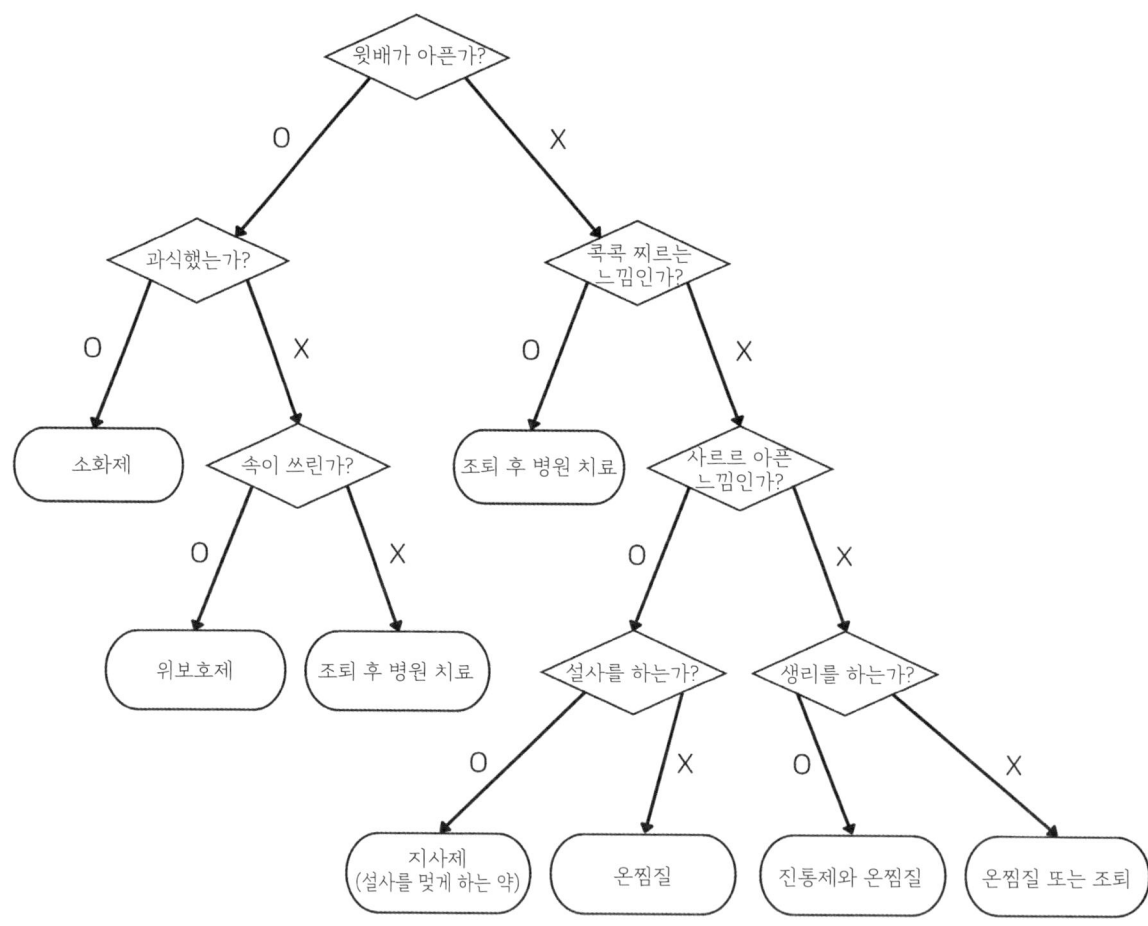

윗배가 아픈가?

O → 과식했는가?
X → 콕콕 찌르는 느낌인가?

과식했는가?
O → 소화제
X → 속이 쓰린가?

속이 쓰린가?
O → 위보호제
X → 조퇴 후 병원 치료

콕콕 찌르는 느낌인가?
O → 조퇴 후 병원 치료
X → 사르르 아픈 느낌인가?

사르르 아픈 느낌인가?
O → 설사를 하는가?
X → 생리를 하는가?

설사를 하는가?
O → 지사제 (설사를 멎게 하는 약)
X → 온찜질

생리를 하는가?
O → 진통제와 온찜질
X → 온찜질 또는 조퇴

보건실에서의 대화 중 일부를 의사결정 나무로 표현해 보았어요.

다른 설명을 더 하지 않아도 한눈에 어떤 흐름인지 이해가 되지요?

그게 바로 의사결정 나무가 편리한 점이랍니다.

(내용은 참고만 하는 거 알지요? 선생님도 아프면 보건실을 찾아요!)

의사결정 나무는 방대한 양의 데이터를 처리할 때 편리해요.

통계에 따라 데이터를 분석하는 데에도 적합한 알고리즘이죠.

데이터의 각 특징을 따로따로 구분하는 의사결정 나무에서는
데이터를 미리 쓰기 좋게 다듬어야 하는 수고로움도 비교적 적어요.

밭에서 막 뽑은 싱싱한 양배추를 요리 재료로 쓰기 위해서는
깨끗이 씻으며 흙을 털어내고, 벌레 먹은 부분도 도려내야 하죠.
정확한 결과를 얻기 위해 데이터도 이처럼 미리 손질하기도 해요.
이러한 과정은 **데이터 전처리**(Data Preprocessing)라고 합니다.

의사결정 나무에서는 데이터 전처리에 들어가는 시간과 노력이 줄어
더 효율적인 모델 학습이 가능하다는 이점도 있어요.

무엇이든 지나치면 독이 된다는 이야기를 들어본 적이 있을 거예요.

사랑이든, 용기든, 자신감이든, 뭐든 그러하다는 걸 우리는 알지요.

우리 인간뿐만 아니라 때론 인공지능에도 이 말이 필요해요.

데이터가 가진 모든 특징에 대하여 일일이 따지는 의사결정 나무는

지나치게 복잡한 알고리즘 모델이 되어 오히려 비효율적이에요.

그래서 의사결정 나무는 데이터 분류가 빠르게 이루어질 수 있게끔

(지나치게는 말고 적절히) 단순한 형태로 구성하는 것이 바람직해요.

한편, 앞서 제시된 그림들에서의 나뭇잎 또는 사각형은
주어진 데이터를 분류하는 기준이 되는 질문들을 제시하고 있어요.
이를 **노드(Node)**라고 불러요. 나무줄기의 마디를 뜻하는 단어죠.
위치에 따라 노드의 이름과 역할이 또 세부적으로 나뉘기도 합니다.
그건 여러분이 조금 더 자라면 알아보도록 해요.

각각의 노드에는 되도록 많은 데이터가 분류되도록 하는 게 좋아요.
달리 말하자면, 모든 데이터를 너무나 세밀하게 구분하느라
나뭇가지가 한없이 무성히 뻗어 나가지 않도록 해야 한단 뜻이에요.

나무가 더 잘 자라려면 때때로 가지치기해야 하는 것도 떠오르네요.
가지가 빽빽하게 많은 나무는 튼튼하게 자라기 쉽지 않아요.
그 모든 가지에 양분과 햇빛이 골고루 가기는 어려우니까요.
때로는 나뭇가지 일부를 적당히 잘라내는 이유입니다.

인공지능과 친해지며 우리 삶의 지혜도 되돌아보게 되네요, 그렇죠?

한 걸음 더 나아가기

만약에 여러분이 이 인공지능 알고리즘을

처음으로 발견했다면

어떻게 이름을 붙여보았을 것 같나요?

그러니까 만약

의사결정 '나무'가 아니라면 말이에요!

급식실에서 알아보는
강화 학습

한동안 보건실에서 따뜻하게 찜질하고 나니 다행히 배탈이 나았어요.

가뿐하게 다시 교실로 돌아왔을 땐 국어 수업이 한창이었어요.

친구들은 단원 마무리 활동으로 글씨 쓰기 연습을 하고 있었어요.

나도 자리에 앉아 주어진 자음과 모음을 또박또박 써 내려갔어요.

슬슬 손가락이 아프기 시작할 즈음, 드디어 점심시간이 되었어요.

"국어 수업은 여기까지예요. 이제 손 씻고 급식실에 갈 준비!"

물론 손 씻기도 중요하지만, 메뉴 확인은 더 중요해요.

선생님 말씀이 끝나자마자 게시판에 붙은 식단표를 보러 갔어요.

오늘 날짜를 찾는데 교실 뒤쪽에서 손을 씻던 우주가 외쳤어요.

"오늘 메뉴는 뭐야? 아예 크게 불러줘, 우리 다 같이 듣게!"

"오늘 메뉴는…

차조밥,

두부 미역국,

브로콜리 크림 떡볶이,

치즈 닭갈비,

배추김치,

딸기야!

잘 들렸지?"

"웩, 오늘 브로콜리 나온대. 브로콜리 진짜 싫어. 절대 안 먹어."

"그래도 치즈 닭갈비도 나오잖아."

"왜? 난 브로콜리 괜찮던데?"

"뭐라고? 브로콜리가 괜찮다고? 말도 안 돼!"

배식을 기다리며 줄을 설 때 친구들과 자주 얘기하곤 했어요.
급식에는 우리가 보통 싫어하는 반찬이 하나는 꼭 나온다고요.
우리가 보통 싫어하지만, 건강에는 이로운 반찬이 하나는 꼭 나오죠.
아무래도 오늘 급식판 위의 숙제는… 브로콜리가 당첨이에요!

가지, 토마토, 멸치, 양파, 콩, 두부, 버섯, 연근… 또 뭐가 있더라?
사실 우리가 많이 남기는 반찬을 꼽아보자면 열 손가락이 모자라요.
아니, 열 발가락까지 몽땅 다 써도 모자랄 수도 있어요!

나는 브로콜리를 좋아해요.

씹으면 입안에서 알알이 부서지는 느낌이 특이해서 좋아요.

꼭 내 동생의 곱슬머리처럼 생긴 게 재미있어 좋기도 하고요.

게다가 브로콜리에는 영양소도 풍부하다고 책에서 읽었어요.

아까 체육 시간에 열심히 농구를 해서 그런지 배가 아주 고팠어요.

친구들과 달리 내 급식판은 금방 칸칸이 바닥을 보여갔어요.

특히 오늘은 브로콜리 크림 떡볶이가 무척 맛있었어요.

처음 나온 메뉴였는데, 부드럽고 짭조름한 게 입맛에 꼭 맞았어요.

"선생님, 저 브로콜리 크림 떡볶이 더 먹고 싶어요!"

배식대에 다가가 영양 선생님께 식판을 내밀며 말씀드렸어요.

그런 나를 보는 영양 선생님의 얼굴에는 흐뭇한 미소가 피어났어요.

모락모락 김이 오르는 떡볶이를 바라보니 군침이 꼴깍 넘어가요.

식판 가득 떡볶이를 담아주시며 영양 선생님께서 말씀하셨어요.

"있지, 이건 선생님의 많은 고민이 담긴 급식 메뉴야."

"고민이요? 왜요? 어떤 고민을 하셨는데요?"

떡볶이도 얼른 먹고 싶지만, 역시 나는 궁금한 건 참을 수 없어요!

"너희가 가고 나면 선생님은 그날 하루를 찬찬히 돌아봐.
우리 학생들이 어떤 메뉴를 좋아하고 많이 먹었는지 말이야."

"그런 거라면 이미 알고 계시지 않아요?"

"그럼. 너희가 보통 싫어하는 메뉴까지도 선생님은 물론 알아.
그렇지만, 싫어하는 메뉴가 좋아하는 메뉴로 변신할 수도 있지!
올바른 식사 습관도 학교에서 배우는 것 중 하나잖아.
똑같은 식재료도 여러 가지 방법으로 조리할 수 있다는 걸 알지?
어떻게 조리하는지에 따라 메뉴의 인기가 달라지기도 하더라고."

"그런가요? 예를 들어서요?"

"음… 선생님은 너희가 이 브로콜리와 더 친해지면 좋겠어.
브로콜리에는 비타민, 식이섬유, 칼슘 등 많은 영양소가 있거든.
평소 너희 스스로는 잘 먹지 않으려는 식품이기도 하고 말이야.
급식을 통해서라도 브로콜리를 먹을 기회가 가끔 있으면 해."

"그런데 브로콜리는 제 친구들도 대부분 싫어해요. 맛이 없대요."

"그래. 그래서 그동안 여러 가지 방법으로 브로콜리를 조리해 봤어.
브로콜리 수프, 브로콜리 볶음, 브로콜리 샐러드…
그리고 또 뭐가 있었더라…? 아, 브로콜리 빵도 해보았었지."

"맞아요. 다 기억나요."

"너는 잘 먹었지? 하지만 고스란히 남긴 어린이들도 많았단다."

"정성껏 급식을 준비했는데 속상하기도 하셨겠어요."

"그래서 작전을 바꿔보았어.

너희가 대부분 좋아하는 메뉴에 대부분 싫어하는 재료를 넣기로!"

"아하, 이해가 됐어요. 크림 떡볶이는 친구들도 거의 다 좋아해요."

"그렇지? 오늘 떡볶이에는 고소한 베이컨도 들어갔잖아.

채소를 그냥 데치는 것보다 어린이 입맛에 더욱 맞을 것 같았어."

나는 데치기만 한 브로콜리를 초고추장에 찍어 먹는 것도 좋아해요.

그렇지만 역시 오늘의 브로콜리 크림 떡볶이는 정말 맛있었어요.

그래서 이렇게 더 먹으려고 배식대로 온 게 아니겠어요?

"오늘은 기대했던 대로 많은 학생이 크림 떡볶이를 잘 먹어서 기뻐.

그 안에 든 브로콜리도 다른 조리법일 때보다 훨씬 적게 남겼고."

"영양도 챙기고 환경도 지키는 작전이었어요, 선생님!"

"하지만 모든 작전이 이렇게 성공적이지는 않았어."

그렇다면… 실패? 어떤 실패가 있는 거지?
내 눈은 다시 호기심으로 반짝였어요.

"때로는 학생들이 선생님의 예상에 빗나가는 반응을 보이기도 해. 예를 들면, 너희 대부분이 과일 맛 젤리를 좋아할 거로 생각했었어. 그런데 막상 준비하고 보니 생각보다 많은 어린이가 남기더라고. 멜론 맛 젤리, 체리 맛 젤리, 망고 맛 젤리. 모두 다 마찬가지였어."

색색의 과일 맛 젤리가 가끔 메뉴로 나왔던 게 어렴풋이 기억나요.

"그래서 어떻게 하셨어요?"

"남은 음식을 버리고 있던 몇몇 학생에게 다가가 이유를 물었어. 단맛이 너무나 강해서 오히려 다 먹지 않았다는 의견이 많더라고. 달면 달수록 꼭 너희가 더 좋아하는 건 아니라는 걸 그때 알았지. 그래서 요즘에는 후식으로 과일 맛 젤리를 주지 않는 거란다."

"그건 브로콜리 크림 떡볶이와는 반대의 고민과 작전이네요. 생각해 보니 2학기에는 과일 젤리가 나온 적이 없었던 것 같아요."

많은 학생이 좋아하는 조리법은 늘리고.

많은 학생이 싫어하는 식품은 줄이고.

영양 선생님의 맛있는 작전이 앞으로도 기대가 되었어요.

우리가 건강한 식습관을 기르도록 많은 분이 노력하고 계셨어요.

이렇게 우리들의 반응을 세심하게 살피며 음식을 준비하시니 말이죠.

그 당연하지 않은 노력에 새삼스럽게 감사한 마음이 들기도 했어요.

내일부터는 매일 보는 식단표가 왠지 새롭게 느껴질 것만 같아요.

그 빽빽한 글자들 사이사이 영양 선생님의 고민이 담겨 있으니까요.

그 다양한 메뉴들 구석구석 조리사님들의 노고가 담겨 있으니까요.

감사하는 자세로 더욱 맛있게 식사하겠다고 다짐했지요.

친구들에게도 오늘 들은 이야기를 전해줄 거예요.

그럼 편식하는 친구들도 조금 더 마음을 열고 먹어보지 않을까요?

가지도, 양배추도, 파프리카도, 시금치도, 호박도, 콩도요.

앗,

그런데 작은 문제가 하나 있어요.

영양 선생님과

이야기를 나누다 보니

시간이 훌쩍 흘러버렸거든요.

"벌써 시간이 이렇게 됐다니!

빨리 이 맛있는 떡볶이를 먹으러

자리로 돌아가야겠어요.

오늘도 감사히 먹겠습니다,

영양 선생님!"

'편식? 내 이야기인데…'

솔직히 이번 이야기를 읽으면서 속으로 '뜨끔'하지는 않았나요?

급식을 잔뜩 버리고선 얼른 놀러 나갔던 날이 있었을지도 모르지요.

매 끼니 정성껏 식사를 준비해 주시는 분들께

여러분이 할 수 있는 가장 멋진 보답은 무엇일까요?

그래요. 여러분 모두 이미 잘 알고 있잖아요.

차려진 음식을 꼭꼭 씹으며 맛있게 먹는 거랍니다.

집에서든 학교에서든 마찬가지예요. 어때요, 어렵지 않지요?

내일부터는 음식을 더 골고루 먹을 여러분이 될 거라 기대해요.

학교 이야기에서 영양 선생님이 들려주신 사연을 다시 기억해 볼까요?

선생님은 학생들이 잘 먹는 메뉴나 조리법은 늘린다고 하셨어요.
반대로 그렇지 않은 메뉴나 조리법은 줄인다고 하셨고요.

그러면서 학생들은 더 풍부한 영양소를 섭취하고,
음식을 조리하는 분들은 보람과 기쁨을 느끼고,
또 음식물 쓰레기를 줄이며 환경도 보호할 수 있겠네요.
그야말로 '일석삼조'가 따로 없죠?

우리는 이렇게 살아가며 긍정적인 방향으로의 변화를 위해 노력해요.
그 과정에서 여러 도전, 그리고 그로 인한 성공과 실패를 겪곤 하죠.
그 알록달록한 경험의 조각들을 디디며 발돋움해 나갑니다.

인공지능에도 이러한 우리들의 모습과 비슷한 측면이 있어요.
더 나은 인공지능으로 거듭나기 위한 '학습'을 하지요.

강화 학습(Reinforcement Learning)에서 인공지능은

상이나 벌을 통해 스스로 더 나은 행동을 배워나가요.

"괜찮아. 기운 내. 이렇게 시행착오를 겪으며 성장하는 거야."

속이 상하는 결과를 마주했을 때 우리는 이런 격려를 듣기도 하지요.

강화 학습은 한마디로 '시행착오'라는 말로 요약해 볼 수 있어요.

이는 여러 차례의 실패를 거치며 성공과 가까워진다는 뜻이죠.

다양한 시도를 하다 보면 때로는 성공하고, 때로는 실패하겠죠?

그중 성공으로 이어진 도전을 거듭해 나가는 게 시행착오인 거예요.

그러면서 우리는 점점 더 효율적이고 신속하게 목표를 이뤄갑니다.

인공지능에 강화 학습을 시킨다고 해봅시다.

사용자는 인공지능이 달성해야 할 목표를 제시해요.

하지만 그걸 인공지능이 어떻게 이루어야 하는지는 가르치지 않아요.
머신 러닝에서 인공지능은 '스스로' 학습해 나가니까요.

그렇지만 사용자는 인공지능에 몇 가지 힌트는 더 준답니다.

"이렇게 되면 네가 성공한 거고,

이렇게 되면 실패한 거야."

인공지능에 알려주어요.

즉, 상이나 벌을 통해 어떤 행동이 좋은지 혹은 나쁜지 판단하고

가장 적합한 행동 전략을 학습하는 것이 강화 학습의 목표예요.

그런데, 여기에서 말하는 '가장 적합한'이란 무슨 뜻일까요?

어렵지 않게 짐작할 수 있겠지요?

이는 최종적으로 인공지능이 얻어낸 상이 가장 큰 상황을 의미해요.

또는, 벌을 가장 적게 받는 상황이라고 볼 수도 있겠네요.

사용자가 인공지능에 설정한 목표를 제일 잘 이루어낸 경우인 거죠.

그나저나 진짜 사람도 아닌 인공지능에 무슨 상이나 벌이냐고요?

여기서 말하는 '벌'이란 인공지능을 따끔하게 혼낸다는 게 아니에요.

인공지능이 깊이 반성하도록 전원 코드를 뽑아버리는 것도 아닙니다!

게임에서 몬스터 캐릭터와 부딪히면 보통 점수나 기회가 깎이지요?

그래서 우리는 그런 상황을 피하려고 열심히 조작키를 누르고요.

반대로 점수를 올려주는 아이템은 놓치지 않기 위해 열중합니다.

이렇게 몬스터는 피하고 아이템은 얻으며 최고 점수로 나아가는 것.

그러니까, 이를 위해 가장 알맞은 플레이를 하는 법을 알아가는 것.

이런 게 바로 강화 학습에서 얘기하는 '강화'의 의미랍니다.

게임 얘기에 이 책을 보는 여러분의 눈빛이 초롱초롱해지는 건…

아마도 선생님의 기분 탓이겠지요?

게임 이야기를 하니 얼른 책을 덮고 게임을 하고 싶어졌다고요?

더군다나 점심까지 막 다 먹어 슬슬 나른해지기도 한다고요?

우리, 조금 더 힘을 내어 다시 이야기 속 상황으로 돌아가 보아요.

영양 선생님이 '강화 학습을 하는 인공지능'이라고 생각해 봅시다.

목표는 '학생들이 남기는 음식을 최대한 줄이는 것'이라고 하고요.

그럼, 이 목표에 가까워지는 것을 뜻하는 '상'에는 무엇이 있을까요?

이렇게 되기 위한 식단을 준비하도록 '강화'되는 것이지요!

이러한 과정을 조금 더 전문적인 용어로 설명해 볼게요.

벌써 4교시나 수업을 했으니, 겁먹지 말고 차근차근 따라가 보세요.

강화 학습은

에이전트(Agent)라 불리는 주체가

환경(Environment)과 상호작용하며

어떤 **행동(Action)**을 선택하여

보상(Reward)을 최대화하도록 학습하는

머신 러닝 방법입니다.

에이전트는 스스로 결정을 내리고 그에 따라 행동하는 주인공이에요.

환경은 에이전트와 서로 영향을 주고받는 대상이며,

에이전트의 행동에 따라 상이나 벌을 주기도 합니다.

이때 행동이란 에이전트가 고를 수 있는 선택지를 말하지요.

즉, 에이전트는 환경으로부터 받은 보상을 바탕으로 학습해요.

에이전트는 보상을 가장 크게 얻기 위해 탐험도 하고 활용도 해요.

탐험(Exploration)은

더 많은 정보를 얻기 위해

새로운 행동을 시도하는 거예요.

활용(Exploitation)은

이미 학습한 정보를 바탕으로

제일 나은 선택을 하는 거예요.

인공지능이 강화 학습을 활용한
세계적으로 가장 유명한 사례는
바둑 인공지능 프로그램인
알파고(AlphaGo)예요.
여러분도 들어본 적 있을 겁니다.

알파고는 지난 2016년
세계 최고 바둑 기사와의 대국에서
인공지능 최초로 승리를 거두었어요.
이 대결은 전 세계 사람들에게
엄청난 놀라움을 안겨주었죠.
바둑의 역사를 뒤흔든 사건이었어요.

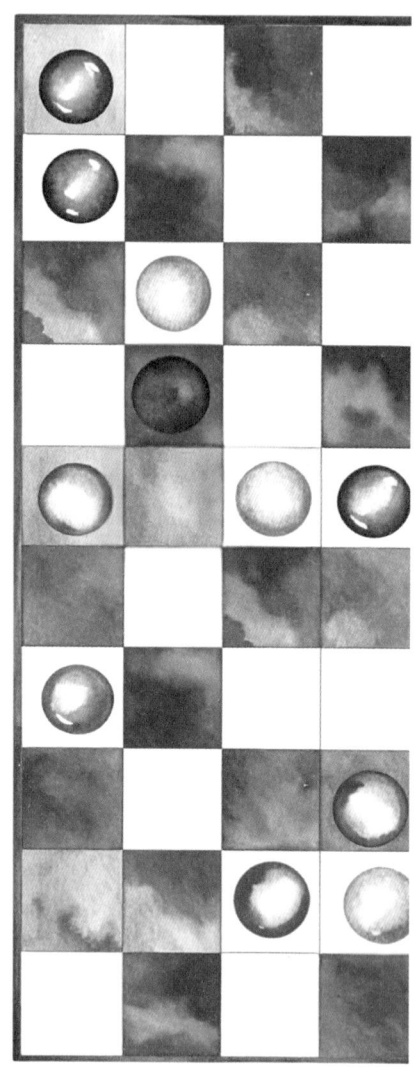

알파고는 누구와 연습하며 이렇게 놀라운 바둑 실력을 길렀을까요?

바로바로,

다름 아닌

자기 자신이었답니다!

일단, 처음에는 사람의 바둑 기록을 통해 기본적인 전략을 익혔대요.

그런 다음 알파고는 자기 자신과 바둑 대결을 반복했다고 해요.

이러한 연습 과정에서 강화 학습이 중요한 역할을 한 것이지요.

한편, 알파고의 비법은 머신 러닝 강화 학습뿐만이 아니랍니다.

1교시에 알아본 딥러닝(Deep Learning) 기술도 함께 사용되었어요.

이렇게 알파고는 판을 살피며 좋은 수를 택하는 능력을 키워갔어요.

공부하라고 잔소리하지도 않았는데, 참 기특하게도 말이지요!

잘하면 보상, 그렇지 못하면 벌칙!

강화 학습을 통해

점점 더 성능이 발전해 가는 인공지능은

매일 조금씩 성장하는 우리와 같아요.

나는 오늘 어떤 성장을 했나요?

운동장에서 알아보는
데이터 편향

학교에서 생긴 일 알아보기

"선생님, 이따 5교시 미술 때 뭐 할 거예요?"

"미술? 그건 바로⋯ 비밀! 궁금하지? 수업 시작할 때 알려줄게."

쉬는 시간이 되면 우리 반 교탁 주변에서 자주 있는 대화예요.
특히 미술, 음악, 체육, 창의적 체험활동 시간을 앞두고 말이에요.
선생님께서는 장난스러운 웃음을 머금은 채 키보드를 두드리셔요.
몇 번 더 물어도 선생님은 웃기만 하실 뿐이에요. 기다릴 수밖에요.

운동장에서 한바탕 뛰놀고 온 친구들의 얼굴이 붉은 토마토 같아요.
들어오며 "미술 때 뭐 한대?" 물어도 모두 어깨를 으쓱할 뿐이었지요.
금방 지나가는 게 야속한 점심시간이 끝나고 5교시가 시작되었어요.
우리는 일단 시간 맞춰 자리에 앉고, 선생님의 말씀을 기다렸어요.

"여러분이 기대하고 기다렸던 미술 수업의 주제를 공개하겠습니다.
오늘은 운동장에 나가서 자연과 더불어 작품을 만들 거예요."

선생님 말씀이 끝나자마자 우리 교실은 환호성으로 가득 찼어요.
오늘은 일주일에 단 하루, 평소보다 일찍 하교하는 수요일이에요.
그렇지 않아도 우리는 모두 아침부터 신이 났어요. 체육도 있었고요.
게다가 오늘 마지막 수업이 미술인 건 더 신나던 참이었는데,
그 미술 수업이 교실이 아닌 운동장에서 이뤄질 거라니 또 신났어요.

"자, 이제 실컷 손뼉을 쳤으니 선생님 얘기를 다시 들어볼까요?
변화무쌍한 날씨를 지켜보느라 주제를 미리 알려주지 않았답니다.
혹시 갑자기 날씨가 변덕을 부려 밖에 나가지 못하게 된다면,
아침부터 들떴을 여러분이 한껏 실망하고 아쉬워할 테니까요.
다행히 온종일 청명한 가을날이네요. 햇살도 바람도 잔잔하고요.
무더운 여름과 매서운 겨울 사이, 딱 지금 하기 좋은 활동이 있어요.
오늘의 작품 재료는 자연 속에 있지요. 그래서 운동장에 나갈 겁니다."

밖에 나갈 거란 선생님 말씀에 벌써 여기저기서 엉덩이가 들썩여요.

"어머, 뭘 할지 아직 얘기도 안 했는데 은하랑 바다는 벌써 나가려고?
알겠어. 먼저 내려가서 미술 수업 준비 좀 도와주고 있으렴. 고마워!"

선생님의 농담에 친구들은 머쓱하게 웃으며 다시 자리에 앉아요.
가을바람같이 가붓한 우리 웃음소리가 교실 이리저리 굴러다녀요.

"어서 나가고 싶지요? 선생님도 알아요. 얼른 활동을 설명할게요.
오늘은 '대지 미술'이라는 걸 해볼 거랍니다. 대지 미술이란…"

"헉! 돼지 미술이요, 선생님?!"

갑자기 튀어나온 태양이의 질문에는 진지한 호기심이 담겨 있어요.
그런 게 있겠냐는 핀잔과 함께 모두가 또 한바탕 웃음을 터뜨려요.
우리 교실에 꼭 '굴러가는 낙엽'이라도 있는 것처럼 말이에요.

"대지 미술에서는

자연이 곧 도화지고, 붓이고, 물감이에요.

자연에서 얻을 수 있는 재료들을 활용해

자연에 작품을 설치하지요.

숲, 들판, 강, 바다… 흙, 모래, 돌, 잎, 가지, 꽃, 파도…

보면, 작품들의 느낌이 각각 다르지요?

대지 미술의 '대지'가

'커다란 땅'이라는 뜻인 건 맞아요.

그렇지만 작품의 도화지는

꼭 땅이 아닐 수도 있답니다."

"그런데 태풍 같은 게 오면 어떡해요? 바로 망가질 것 같은데요?"

"그렇죠. 하지만 그 역시 '자연스러운' 현상이니까요.
대지 미술에서는 그러한 과정 또한 예술의 일부로 여긴답니다."

망가지는 과정까지 예술이라니! 이런 미술 주제는 처음이에요.

"작품을 만들 때도 자연을 훼손하지 않도록 유의해야 해요.
예를 들어, 멀쩡한 나뭇가지를 일부러 꺾어서 사용하는 건 곤란해요.
하지만 이미 땅에 떨어진 가지를 쓰는 건 괜찮습니다. 이해되지요?
선생님의 설명은 끝났어요. 혹시 질문이 있나요?"

"나가서 아무거나 만들어도 돼요?"

"네, 자유입니다. 작품을 만들 수 있는 공간은 나가서 설명해 줄게요.
다른 질문은 또 없나요? … 좋아요, 이제 진짜 나가 봅시다."

운동장으로 나가려 신발을 갈아신다 보니 떠오르는 기억이 있어요.

작년인가 재작년인가? 나뭇잎을 주우러 반 전체가 교실을 나섰어요.

그때는… 아, 식물에 대해 배우던 과학 시간이었어요!

모둠끼리 한참 모은 여러 가지 나뭇잎을 들고 교실로 돌아와

생김새에 따른 다양한 기준을 정해 수집한 잎들을 분류해 보았지요.

둥근 잎과 길쭉한 잎, 가장자리가 매끈한 잎과 톱니 모양인 잎….

올해도 같은 자리에 그 나무들과 그 잎사귀들이 있으려나요?

조금 전 점심시간까지만 해도 무심히 지나쳤던 자연의 조각들이
형형색색의 멋진 작품 재료들로 새롭게 보였어요.

우리 반 친구들의 작품, 아니 우리 반 친구들과 자연의 합작품이
여기저기서 하나둘 자태를 드러내기 시작했어요.

"자, 이제 슬슬 대지 미술 작품을 마무리해 주세요.
3분 뒤부터는 자유롭게 돌아다니며 서로의 작품을 감상하겠습니다."

멀찍이 우리 선생님의 목소리가 들려요. 이럴 땐 시간이 쏜살같아요.

"우와! 언니, 이게 뭐야? 집이야? 아니면 학교? 신기하고 예쁘다!"

하교하던 동생들이 우리 주변을 기웃거리며 종알대는 소리도 들려요.

높고 푸른 가을 하늘 아래에서의 남은 3분도 금방 지나갔어요.
오늘은 계획보다 완성이 조금 덜 되었어도 마음이 조급하지 않아요.
그 남은 부분 또한 자연의 몫이었으니까요. 햇살과 바람이 노니는.

미술에서는 친구들의 작품을 감상하는 것도 큰 배움이고 재미예요.
우리는 곳곳에서 삼삼오오 모였다 흩어지며 이야기를 나누어요.
훅 불어온 바람에 꽃잎이 날아가자, 우리의 탄성과 웃음도 나부껴요.

"갈색 낙엽으로 갈색 가시를 가진 고슴도치를 만들고 싶었는데 아쉬워.
선생님이 정해주신 구역 안에서는 갈색 잎을 찾기 힘들었어.
모양은 마음에 들지만, 푸른색이라 가을 느낌이 덜 나는 것 같아."

제 발치의 작품을 내려다보던 호수가 나와 샛별이에게 말했어요.

"그래? 갈색 고슴도치를 만들고 싶었으면 나뭇가지를 써도 됐잖아?
모양도 마침 가시랑 딱 어울렸을 것 같은데? 안 그래?"

"맞아, 나도 처음에는 그런 생각도 했었는데… 만들면서 바뀌었어.
몽글몽글한 가시를 지닌 고슴도치를 탄생시키고 싶었거든."

"아니야, 호수야. 이 고슴도치도 나름의 매력이 있어. 난 마음에 들어.
초록색이라 그런지 우리처럼 쌩쌩한 장난꾸러기 고슴도치 같거든."

"그래? 네 말을 듣고 보니까 진짜 그렇게 느껴지는 것도 같아. 고마워!"

샛별이는 다른 작품들을 보러 장난꾸러기 고슴도치 곁을 떠났어요.
아쉬운 마음 때문인지 호수는 여전히 제 고슴도치 근처를 서성거려요.
그러는 사이 이번에는 잎새와 노을이가 우리 쪽으로 다가왔어요.

"이건 내가 만든 고슴도치야. 갈색 잎이 별로 없길래 이렇게 만들었어.
이제 10월의 절반도 다 지났는데 왜 아직도 이렇게 푸른 잎들이 많지?
생각해 보니까 아예 땅에 떨어진 나뭇잎 자체가 많지 않았어."

"엥? 그거야 네 말대로 아직 10월 중순밖에 안 됐으니까 그렇지!
본격적으로 쌀쌀해지는 11월이 끝나가야 낙엽이 보이지 않아?
지금은 한라산에 있는 나무들이나 단풍이 들었을걸? 뉴스에서 봤어."

"나무들이 겨울을 날 준비를 하는 게 낙엽이라잖아. 그런데 여긴…
봐봐, 오늘도 반팔을 입고 온 친구들이 열 명은 되는 것 같은데?"

"그건 그래. 나도 긴팔을 입긴 했지만 얇은 옷이야. 그래도 이상해."

호수네 가족은 해마다 10월이면
단풍 구경을 가곤 했거든요.
울긋불긋한 산길을 오르기도 하고,
바쁠 때는 공원을 산책하기도 해요.
두툼한 책 사이 단풍잎을 끼워두면
며칠 뒤 예쁜 책갈피가 되지요.

그럼, 은행 구경도 갔냐고요?
은행나무는 멀리 떠나지 않아도
도로를 따라 줄지어 있었어요.
가끔 우연히 은행 열매를 밟으면
꼭 나무가 방귀를 뀐 것처럼
지독한 냄새가 퍼지곤 했어요.

가만 생각해 보면, 올해는 단풍잎도 은행잎도 본 적이 없어요.

공원에서도, 길가에서도요. 볼 때가 진작 지난 것 같은데 말이죠.

오늘도 보세요. 빨갛지도 노랗지도 않은, 푸른 고슴도치가 태어났잖아요.

그것도 이상했지요. 호수에게는요.

그런데 말이에요…

호수도, 나와 샛별이도, 잎새와 노을이도,

어느샌가 잊어버리고 있는 사실이 하나 있어요.

지난봄 저 멀리 '육지'에서 우리 학교로 전학을 온 호수는

지금 제주에서 첫 번째 가을을 맞이하고 있다는 걸요!

어떤 사람들은 인공지능이 인간보다 훨씬 더 공정하다고 해요.

인공지능은 우리 인간처럼 마음이, 그러니까 감정이 없으니까요.

그건 그렇지요. 인공지능끼리 싸우거나 미워하지는 않잖아요.

조금 비겁한 방법을 쓰더라도 편을 들어주고 싶은 단짝 친구도

인공지능에는 없고요.

하지만… '심장이 없는' 인공지능은 정말 바른 판단만 내릴까요?

어느덧 오늘의 마지막 수업인 5교시까지 다다랐어요.

이쯤 되면 눈치가 빠릿빠릿한 여러분은 이미 짐작했을 거예요.

"아니니까 선생님이 물어보시는 것 같아요!"라는 외침이

책장을 뚫고 들려오는 것만 같아서 선생님은 웃음이 나네요.

맞아요. 인공지능은 때로 공정하지 않은 결정을 내리기도 한답니다.

그뿐인가요. 인공지능은 때로 정확하지 않은 결론을 내놓기도 해요.

인공지능도 언제나 완벽하지만은 않습니다.

정확하지 않은 건 그럴 수 있다 치더라도, 공정하지 않다니!
이번에는 강화 학습에서와 달리 진짜로 인공지능을 혼내야겠다고요?

흠… 꾸중을 듣는 인공지능 입장에선 억울할지도 모르겠네요.
이럴 때는 인공지능에 심장이 없는 게 차라리 다행이려나요?

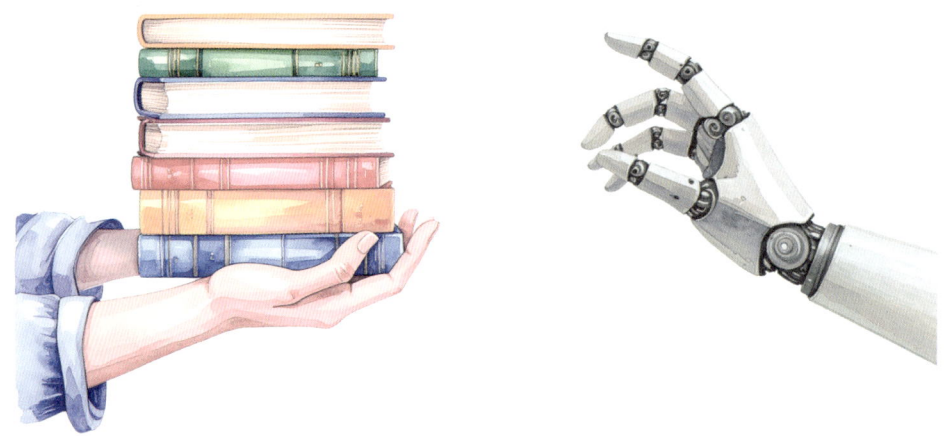

왜냐하면, 인공지능이 불공정하거나 부정확하게 작동하기도 하는 건
인공지능 자체가 아니라 이를 이용하는 사람 때문인 경우가 많거든요.
정확히 말하자면, 우리가 인공지능에 주는 '데이터' 때문입니다.

오늘 학교로 오는 길에 선생님이 이야기했지요?

아직은, 우리 주변의 모든 인공지능은 약인공지능이라고요.

약인공지능은 특정한 목적을 위해 사람이 준 데이터를 학습합니다.

우리가 지금 당장도 그러고 있는 것처럼, 혼자서 '생각'하지는 못해요.

그게 가능하다면 무슨 인공지능이었지요?

강인공지능이라고요? 초인공지능이라고요? 딩동댕! 둘 다 맞습니다.

그런데 강인공지능부터는 상상 속에만 존재한다고도 얘기했었죠.

여러분이 보기에 인공지능이 스스로 생각하는 것 같은 순간에도

인공지능은 그동안 학습한 어마어마한 양의 데이터,

그리고 목적에 알맞은 알고리즘에 따라 대답하고 있을 뿐이랍니다.

사람과 이야기하는 것과 다름없는 자연스러운 대화가 가능한 것도

인간이 어떻게 말을 하고 글을 쓰는지 인공지능에 학습시킨 덕이죠.

아주 아주 아주… 많이 말이에요. 바로 지금, 이 순간까지도.

만약 머신 러닝이나 딥러닝에 쓰인 데이터에 한계나 문제가 있다면
이를 학습한 인공지능에도 그러한 부분들이 그대로 묻어납니다.

그럴 수밖에 없겠지요.
콩 심은 데 콩이 나고, 팥 심은 데 팥이 나듯이.

데이터 편향(Data Bias)은
대표적인 '데이터의 한계나 문제'입니다.

편향(偏向)은
"한쪽으로 치우쳤다."는
뜻이에요.

같은 글자가 들어간 낱말에는 편중, 편협, 편파 등이 있고요, 또⋯
아! 우리 아까 점심 시간에 앞으로는 더 골고루 먹어보기로 했잖아요.
내가 좋아하는 음식만 '편식'하지 않고 말이에요.

사람이 음식을 두루두루 섭취하지 않으면 건강을 유지하기 어렵듯이,
인공지능에 학습 데이터가 골고루 입력되지 않으면
공정성이나 정확성을 잃은 학습 결과가 나타나기도 해요.

이러한 상황이 바로, 오늘 마지막 수업의 주제인 데이터 편향이랍니다.

미술 수업이 끝나갈 즈음 있었던 학생들의 대화를 떠올려 봅시다.
이야기 속 학생들은 자연물을 활용해 만든 작품들을 둘러보던 중
어딘가 미묘하게… 서로 어긋나는 대화를 나누게 되었지요.

일단, 나무들이 가을옷으로 갈아입는 시기에 관한 생각이 달랐어요.
친구들에게는 적잖은 나뭇잎이 아직은 푸른빛인 게 당연했던 반면,
호수에게 이는 지금까지의 가을과 다른 '이상한' 상황이었잖아요.
지금쯤이면 벌써 단풍놀이에 다녀와야 했을 텐데 말이에요.

여전히 짧은 소매의 옷을 입은 친구들이 많은 것도 어딘지 어색해요.
길가의 나무들도 이전까지의 가을 풍경과는 어째 다른 것 같고요.
호수는 그동안과는 전혀 다른, 아주 새로운 가을날을 보내고 있지요.

호수는 새로운 학교에서 적응을 무척 잘했나 봐요, 그렇죠?
멀리 떨어진 학교에서 전학 왔다는 걸 호수가 금방 떠올렸다면,
그 푸른 가을이란 이상함이 아니라 자연스러운 차이였을 거예요.

이번에는 인공지능과는 전혀 상관없는 깜짝 문제입니다.

호수는 어느 지역에 있는 학교로 전학을 왔을까요?

감이 잡히지 않는다면, 학교에서 생긴 일을 다시 한번 살펴보세요.

제주에서는 한반도의 본토, 그러니까 제주를 제외한 나머지 지역을
흔히 '육지'라고 부른다는 걸 여러분은 혹시 알고 있나요?
이미 안다면… 이 책을 제주에서 읽고 있을 것 같은 느낌이 오네요!
학생들의 대화 속에서 '한라산'이 등장했던 게 역시 엄청난 힌트였죠.
이야기의 배경이 되는 학교는 바로, 제주에 있답니다.

자, 우리나라 지도를 머릿속에 펼쳐 봅시다. 제주는 어디 있나요?
그래요. 한반도의 맨 아래, 우리나라의 가장 남쪽에 자리 잡고 있지요.
남부 지역은 서울을 비롯한 중부 지역보다 대체로 더 따뜻합니다.
제비들이 추운 겨울에 괜히 남쪽으로 날아가겠어요?
여러분이 '제주' 하면 뭐니 뭐니 해도 귤을 가장 먼저 떠올리는 것도
따스한 햇살을 잔뜩 머금고 더욱 달콤하게 자라나기 때문이랍니다.

그래서 호수가 작년까지 지냈던 지역에서는
제법 쌀쌀해진 바람에 단풍잎과 은행잎이 흩날리고 있을 무렵에도
운동장 주변에 아직 푸른색을 잃지 않은 나뭇잎들이 많았던 거겠죠.

애초에 제주에서는 단풍나무나 은행나무를 보기 쉽지 않기도 해요.

제주는 딱히 적합한 환경이 아니거든요.

단풍나무나 은행나무는 혹독한 겨울을 나야 건강하게 자라기 때문에

온난한 제주의 겨울은 오히려 성장에 방해가 된다고 해요.

바람이 많이 불고, 심지어 그 바람이 습하고 짭조름한 점도 그렇고요.

만약 지구 반대편에 사는 친구가 '대한민국의 가을'을 소개해 달라면…

어떤 경험, 그러니까 데이터를 가졌는지에 따라 답이 달라지겠는걸요?

자기가 사는 지역에서 벌어지는 익숙한 자연 현상만 생각하다 보면

가을에는 또 다른 면모도 있다는 걸 놓치게 될 수도 있겠어요!

인공지능에서도 이와 같은 현상이 생기기도 합니다.

만약 얼굴 인식 인공지능이
시력이 좋은 사람들의 얼굴만
많이 학습했다면

안경을 쓴 사람들의 얼굴은
제대로 구분하지
못할지 몰라요.

만약 번역 인공지능이
영어나 중국어, 스페인어 글만
많이 학습했다면

한국어로 옮긴 글에는
틀리거나 어색한 표현이
많을지 몰라요.

만약 자율주행 인공지능이
맑은 날의 도로 주행 상황만
많이 학습했다면

비나 눈이 오는 날,
또는 안개가 낀 날에는
불안정할지 몰라요.

이처럼 데이터 편향은 주로 데이터를 모으는 과정에서 생겨요.

다양한 집단으로부터의 데이터를 충분히 갖추지 못했기 때문이죠.

데이터 수집에 사용한 도구나 방법에 오류가 있었던 경우도 있고요.

학습한 데이터가 편향되어 정확하지 않은 결과를 내놓은 인공지능을

우리가 어떻게 마음 편하게 원망할 수 있겠어요.

그 데이터는 결국… 인간이 인공지능에 준 건데 말이에요.

데이터 편향은 또한,

인공지능이 때로 불공정한 판단을 내리는 원인이 되기도 합니다.

우리 삶 속에서 인공지능이 점점 더 많은 결정을 맡고 있는 오늘날,

우리가 더욱 관심을 가지고 경계해야 하는 이유겠지요.

학습 데이터를 균형 있게 모으기 위해서 애를 썼다고 하더라도,

사회나 문화에서 비롯된 불평등이나 차별, 편견이나 고정관념이

이미 데이터 자체에 스며들어 있다면

인공지능은 그러한 부분까지 그대로 배워 버리기도 해요.

대표적인 예가 얼굴 인식, 직원 채용, 범죄 수사 등에서 드러나는

성별이나 인종 관련 차별 문제입니다.

그렇지만 아직 여러분에게는 어렵고 무겁게 느껴질 수도 있겠어요.

아까 점심도 맛있게 먹었으니,

우리 모두의 관심을 한몸에 받는 급식에 한 번 더 빗대어 알아볼게요.

어느 초등학교에서 급식에 대한 학생 의견을 조사했다고 해봅시다.

많은 학생이 바라는 방향을 참고하여 급식에 반영하기 위해서 말이죠.

편향을 막기 위해 남학생과 여학생 참가자 수를 비슷하게 맞췄어요.

의견을 낼 기회도 1학년부터 6학년까지 모든 학년에 공평히 주었고요.

조사 결과, 매콤한 음식이 더 많이 나오면 좋겠다는 의견이 많았어요.

그래서 매운 국이나 반찬이 더 자주 급식에 나오게 되었지요.

같은 음식이라도 이전보다 더욱 맵싸하게 조리하도록 바뀌었고요.

앗… 어떡하죠? 저기 유치원, 1학년 동생들이 울상을 짓고 있는걸요?

이것도 저것도 너무나 매워서 혓바닥에 불이 났다며 말이에요!

왜 이런 사태가 생겼냐. 학생 의견을 글로만 받았기 때문이에요.

동생들에게도 의견을 낼 기회는 똑같이 주어졌지요.

그렇지만 아직 자기 생각을 글로 능숙하게 표현하기는 어렵다 보니,

술술 글을 써 내려가는 언니, 형들의 의견이 더욱 두드러진 거예요.

글쓰기가 아직 낯설어 아예 의견을 내지 못한 동생도 있었을지 모르죠.

의도하지 않았지만, 나이에 따른 차이가 데이터 편향으로 이어졌네요.

학습한 데이터가 편향되어 공정하지 않은 결과를 내놓은 인공지능도

우리가 어떻게 마음 편하게 비난할 수 있겠어요.

마찬가지로 그 데이터도 결국… 인간이 인공지능에 준 건데 말이에요.

등굣길에 선생님과 나누었던 대화를 돌이켜 보세요.

우리가 오늘 아침 시간부터 5교시까지 하루 종일

한 걸음 한 걸음 인공지능과 친해지고 있는 이유, 잊지 않았지요?

인공지능과 함께 지혜롭게 살아가기 위해서였지요.

지금까지 우리는

인공지능의 데이터 편향 현상이 무엇이고, 왜 생기는지 알아보았어요.

그러니 이제, 이 문제를 어떻게 해결할 수 있을지 살펴볼 차례예요.

먼저 스스로 고민해 본 다음에, 책장을 이어서 넘겨 보세요.

그래요. 인공지능에 다양한 데이터를 주어야겠지요.

특정 집단이나 조건에만 몰려 있지 않은, 균형 잡힌 데이터를요.

서울에서 제주까지, 여러 지역 주민의 목소리를 고르게 학습시켜야

음성 인식 인공지능이 누구의 말이든 잘 알아들을 수 있겠지요.

그런데 다양성을 아우르는 데이터를 인공지능에 입력하고 싶어도

어떤 집단은 데이터 자체가 부족하다면 어떡하죠?

식사에 비유하자면, 밥상에 고기반찬뿐이라 채소를 못 먹는 거예요.

그럼… 학습시키고 싶은 데이터를 직접 만들어 버리죠, 뭐!

텃밭에서 직접 상추와 깻잎을 따와 식탁에 올리듯이 말이에요.

부족한 집단의 데이터는 의도적으로 생성해 보충할 수도 있어요.

앞서 예로 든 얼굴 인식 인공지능에서의 문제에서라면 가령,

적대적 생성 신경망(Generative Adversarial Network, GAN) 같은

딥러닝 기술을 써 가상의 '안경을 낀 얼굴' 데이터를 만들 수 있죠.

실제 얼굴도 아니니 초상권 걱정까지도 한꺼번에 해결되겠는걸요?

흠… 그렇지만 이건 언제나 들어맞는 해결책인 것 같지는 않네요.

1학년의 의견이 부족하다고 일부러 꾸며내 보충할 수도 없고….

얼굴과 달리 보충할 데이터를 직접 만들기 어려운 상황이라면,

상대적으로 적은 데이터에 '보너스' 점수를 주어 더 많이 학습시키는

재가중치(Re-weighting) 기법을 쓰기도 해요.

1학년 동생들이 삐뚤빼뚤 서툰 글씨, 짧은 글로 전한 의견들은

그 수는 더 적더라도 조금 더 귀를 기울이며 존중해 주는 거지요.

편향되지 않은 데이터를 활용해 인공지능을 개발하려는 노력은
단순히 기술적 오류를 줄이는 데만 목적이 있는 것이 아니랍니다.
서로 다른 특성과 생각을 지닌 한 사람 한 사람 모두가
행복하고 편리하게 살아가는 세상을 만들어가기 위해서도 중요하죠.

따라서 인공지능 기술을 개발할 때는 윤리적인 검토도 꼭 필요합니다.
다양한 경험과 배경을 가진 사람들이 개발 과정에 참여하여
숨어 있는 문제들을 찾아내고 이를 보완해야 하지요.

개발을 마친 뒤에도 이러한 관심과 노력이 이어져야 해요.
세상은 끊임없이 변화하고, 데이터 역시 계속 달라지니 말이에요.
인공지능이 실제 환경에서 어떻게 작동하는지 수시로 점검하며
필요한 부분을 개선, 그러니까 업데이트(update)해야 합니다.

이렇게 개발자와 이용자의 고민을 먹고 자란 인공지능은
더욱 정확하고 공정하게, 그리고 책임감 있게 작동하게 된답니다.

척박한 땅에 예쁜 정원을 일구려면 정성을 다해야 하지요.

하지만 애써 만든 정원도 그냥 두면 금세 어지러워지기 쉬워요.

인공지능도 마찬가지예요.

마치 정원을 돌보듯 자주 들여다보며 살뜰히 가꾸어 나가야

꽃처럼 아름답고, 열매처럼 달콤하게 우리 삶을 채워줄 거예요.

모든 데이터를 공정하게 수집할 수 있다면,

정말 '완벽하게' 공정한

인공지능을 만드는 것이

가능할까요?

우리가 말하는 '공정함'이란

모두에게 같은 의미일까요?

방과 후,
선생님이 나누고 싶은
이야기

"선생님, 이렇게 글을 '끊어서' 쓴 책은 처음 봐요!"

교과서에는 많은 글이 담겨 있다. 어떤 과목에서든 우리 반 아이들은 다양한 글을 소리 내어 읽는 시간을 자주 가진다. 앉은 자리 순서대로 돌아가며 한두 문장씩 읽게도 하고, 무작위로 지목해 이어가게 하기도 하고, 자원하는 학생이 한 문단씩 읽게도 한다. 읽기 유창성과 자신감을 길렀으면 하는 마음에서다. 내 교실의 아이들 대부분은 아직 글의 오른쪽 끝과 왼쪽 시작에 쪼개진 낱말을 물 흐르듯 이어서 읽지 못한다. 더러는 아예 한 줄 건너뛰어 읽고선 저도 이상한지 잠시 머뭇거리기도 한다. 그 앙증맞은 찰나의 공백들이 기억났다.

그래서였다. 본문 전체를 '가운데 정렬'로 구성하는 모험을 택한 이유 말이다. 이렇게 쓰인 책을 사실 본 적이 없다. 정식 출판을 하게 되며 다시 한번 고민했지만, 매일 아이들과 부대끼는 초등교사라서 할 수 있는 도전이라 생각하며 처음 구상한 대로 추진했다. 책과 더 친하게 지내보자고 아이들을 독려하며 매주 학교 도서관에 들르는 것에서 더 나아가 보았다. "너희가 읽기 편한 형식으로 (게다가 그림도 잔뜩 넣어) 선생님이 책을 써보았으니, 조금이라도 더 가벼운 마음으로 즐겁게 책을 읽으며 인공지능과 친해져 보렴." 하는 바람을 책에 담았다.

올해 나는 4학년 담임을 맡았다. 우리 반 아이들이 충분히 이해할 수 있는 눈높이로 글을 쓰고자 했다. 만연체와 한자어를 즐겨 쓰는 나에게 짧은 호흡의 평이한 문장들을 쓰는 건 도리어 어려웠다. 동어 반복을 피하면서도 전하려는 정보를 한 줄 안에 압축하느라 많이 고심했다. 나의 이런 고민이 내 아이들에게 기꺼운 성취감을 안겨주길 바란다. 종이를 빽빽하게 채운 긴 글을 보면 일단 겁부터 나는, 잘 모르는 분야에 첫걸음을 내딛는 데 용기가 필요한 모든 독자에게 이 책이 반가운 생경함이길 바란다.

"선생님이 직접 그린 그림이에요?"

이 책의 모든 삽화는 Adobe Firefly의 Firefly Image 4 모델로 생성한 이미지를 재구성하여 만들었다. 중학교 컴퓨터 수업으로 포토샵(Adobe Photoshop)을 처음 익힐 때의 짜릿함이 지금도 생생하다. 절로 흥이 나서 열심히 만든 패러디 포스터는 교내 공모전에서 수상해 한동안 복도에 걸려 있기도 했다. 여전히 선명한 그 추억에 Firefly를 택했다.

'따스하고 아기자기한 그림책 느낌으로 인공지능의 주요 개념과 원리를 알려주는 책'을 만들고 싶었다. '인공지능' 하면 직관적으로 떠오르는 차가운 이미지와 대비되도록. 최초 원고와 비교하면 분량이 곱절도 더 불어나 어째 그림책과는 한참 멀어진 듯하다. 그래도 열은 수채화 느낌의 삽화를 곁들이고 싶다는 목표는 처음부터 확고했다.

삽화 작업에는 '의외로' 엄청난 시간과 품이 들었다. 프롬프트를 길고 자세하게 쓰면 내가 머릿속에 구상한 대로 인공지능이 금세 뚝딱뚝딱 구현해 줄 거라 믿었다. 전혀 아니었다. 인공지능은 당황스러울 만큼 말귀를 못 알아들었다. 똑같은 프롬프트를 입력해도 그림 이미지는 사진 이미지에 비해 결과물의 정확도와 다양성이 훨씬 떨어졌던 탓이다. 수채화 중에서도 선의 굵기, 채색의 면적, 테두리나 광택의 유무 등에서 비슷한 결의 이미지만을 추리는 데 또 시행착오를 무수히 겪었다. 프롬프트와 설정을 조금씩 바꾸어 가며 총 2,500번가량 이미지를 생성했다. 이미지는 1번에 4장씩 만들어졌으니, 일단 대략 10,000장에 이르는 이미지가 내 모니터를 거쳐 간 것이다.

인공지능이 제시한 이미지들을 오리고 붙이고 지우며, 색을 바꾸고 방향과 각도를 틀며 본문과 어울리는 삽화로 만들어내는 건 인간인 내 몫이었다. 식판에 한알 한알 밥알을 붙이고, 모래 바닥에 한장 한장 나뭇잎을 늘어놓으며 저리는 손을 털던 지난 여름밤들도 이제는 웃으며 돌아본

다. 손가락 여섯 개가 달린 손에서 마지막 손가락을 지우며 인공지능을 한껏 책망하던 어느 가을밤도 벌써 재미난 추억이다. 이 또한 어쩌면 '시절인연(時節因緣)'이 아닐까. 인공지능과 자연어로 협업할 수 있는 세상이 왔기에 이렇게 출판이라는 감사한 기회의 문을 두드릴 수 있었다. 행운이고 행복이다.

"선생님, 책에 나오는 학교생활 이야기는 실제 경험이에요?"

'학교에서 생긴 일 알아보기'의 하루는 5학년 2학기의 어느 수요일을 배경으로 한다. 이 책의 첫 원고는 함께 글을 쓰는 친구들과 재미로 저마다의 책을 만들어 보았던 작년 늦가을로 거슬러 간다. 그때 5학년 담임이었다. 아침 시간부터 5교시까지 벌어진 모든 상황은 선생님으로서의 내 한해살이에서 영감을 얻었다. 작년뿐만이 아니라, 내 교직 생활 전체의 조각들이 이야기 곳곳에 뒤섞여 있다.

〈[아침 시간] 교실에서 알아보는 알고리즘과 순서도〉를 읽으면서부터 아마 우리 반 아이들은 미소 지을 것이다. "이거 진짜 우리 선생님이 쓴 책 맞네!" 하면서 말이다. 우리 반 아침 활동은 유동적이다. 대체로 수행 시간에 차이가 크게 나는 미술은 마지막 교시에 배치한 후, 필요한 학생은 다음 날 아침까지 작품을 완성할 시간 주기. 실제로 내가 자주 활용하는 방식이다. 수업에서도 마찬가지다. 예컨대 빠른 학습자와 느린 학습자 모두 의미 있게 수학 시간을 보내도록 필수 및 선택 과제를 단계별로 제시한다. 나와 몇 달을 보낸 아이들은 화면의 과제 목록을 본 후 "저는 어제 작품 다 완성했는데요?", "저는 신청서 이미 냈는데요?" 같은 질문을 더는 하지 않는다. '나'는 무엇을 해야 하는지, 행간에 숨은 뜻을 안다. 우리만의 '알고리즘'이 자연스럽게 자리 잡은 덕분이라 생각한다. 그런 소모적인 문답에서 아낀 기력으로 한 번 더 웃어주고, 칭찬을 건네는 선생님이 되려고 노력 중이다.

이어지는 〈[1교시] 교실에서 알아보는 머신 러닝과 딥러닝〉을 읽으며 우리 반 아이들은 또 웃을 테다. 올해도 우리 반은 일주일에 4번 있는 수학 시간이 모두 1교시에 있다. 이야기 속 아이들의 투정도 전혀 낯설지 않겠지. 저들이 늘 하는 말이니까. 4학년도, 6학년도, 5학년도, 체육보다 수학을 많이 해야 한다는 사실을 진심으로 개탄스럽게 여긴다. 그리하여 국가 교육과정 총론을 보여주는 연례행사를 매년 거친다. 빠른 학습자에게 종종 '창의력 수학' 문제를 나누어주었던 것도 실제 경험이다. 그렇지만, 앞장서 수학 문제를 더 풀고 싶다며 교탁을 찾아오는 아이를 맞이한

적은 교직 생활을 통틀어서도 한 손가락에 꼽힌다. 이 단원을 쓰면서는 즐거운 배움이 가득한 수업을 만들기 위해 더 노력해야겠다고 다시금 다짐하기도 하였다.

해마다 매주 반 아이들과 학교 도서관에 들른다. 〈[2교시] 도서관에서 알아보는 지도 학습〉에는 작년 우리 반 아이들과의 추억이 특히나 가득 깃들어 있다. 우선, 도서 분류법은 실제로 5학년 2학기 국어의 독서 단원 (2015 개정 교육과정 기준)에 나온다. 우리는 붙임 딱지를 붙이며 분야별 도서의 예시를 확인해 보았다. 이야기 속 '책 보물찾기'도 당시 정말 있었던 일이다. 읽고 싶은 책을 검색하니 우리 학교 도서관에서 대출할 수 있는 상태라고 시스템에 나왔다. 그런데 있어야 할 자리에 그 책은 없었다. 주변 책장이나 북 트럭에도 없었다. 수업을 마치기 5분 전, 도서관 칠판에 책의 제목과 청구 기호를 적고 반 아이 모두와 함께 찾아보았다. 끝내 발견하지 못했다. 아쉬움에 탄식하는 선생님을 보며 우리 아이들은 다 읽은 책은 꼭 북 트럭에 놓아야 한다는 도서관 이용 규칙을 한 번 더 되새겼을 터이다.

〈[3교시] 체육관에서 알아보는 비지도 학습〉은 가장 애착이 간다. 이건 정말 어느 해의 학급경영에서 중대한 사태였다. 당시 홀수 번호에 상대적으로 운동 신경이 좋은 아이들이 몰려 있었다. 누적된 감정들은 농구에서 폭발했다. 까슬까슬한 농구 시간의 여파는 교실에 와서도 이어졌다. 그래서 우리는 학급 회의를 했다. '그래서 결국 어떻게 팀을 갈랐다는 건데?' 아마도 책을 읽는 이들은 궁금했을 거다. 이야기에서는 독자의 상상에 맡겼으니 말이다. 우리는 학급 회의 끝에, 같은 실력을 지녔다고 생각하는 학생들 둘이 짝을 이뤄 가위바위보를 한 뒤 진 학생끼리와 이긴 학생끼리 팀을 이룬다는 타협안을 끌어냈다. 이에 남은 학기 동안 평화롭게 농구도, 축구도, 피구도 할 수 있었다.

〈[4교시] 보건실에서 알아보는 의사결정 나무〉를 쓰면서는 2학년 아이들의 병아리 같은 재잘거림이 오랜만에 떠올라 행복했다. 그땐 나 역시 서툰 병아리 선생님이었다. 1급 정교사가 되기도 전에 만난 저학년 꼬마들과의 하루하루는 스무고개의 연속이었다. 눈에 보이지도 않는 상처를 들이밀며 고통을 호소하는 아이가 무얼 바라며 선생님에게 오는지는 오래 지나지 않아 깨우쳤다. 하지만 어디가 아픈지, 왜 우는지, 무엇이 속상한지 물어보는 선생님에게 그저 다 모르겠다고만 대답하는 아이들과의 제자리걸음 같은 대화는 한동안 나만의 불가사의였다. 여러 번 반복하고서야 깨달았다. 이런 대화란 주관식보다 객관식 질문들로 이어가야 한다는 걸. 퇴근 후 대학원 수업을 듣고 있을 때였다. 아이들과 낮에 나누었던 이야기가 마치 의사결정 나무 알고리즘 같다는 생각이 문득 들었다. 피식 웃음이 났다.

'겉보기보다 많이 먹는 선생님'이라는 평을 매년 듣고 있는 나의 급식 지도 기조란 솔선수범을 보이는 것이다. 매일 최선을 다해 천천히, 양껏 급식을 먹는다. 일과 중 유일하게 허락된 고독한 시간을 즐기며 많은 생각을 한다. 〈[점심시간] 급식실에서 알아보는 강화학습〉도 급식을 먹다 떠올렸다. 아이들은 몰라도 나는 잘 안다. 메뉴 하나하나에 얼마나 많은 고민과 노고가 담겨 있는지. 초고를 완성했을 즈음 우리 학교 급식에 진짜 브로콜리 크림 떡볶이가 나오기도 했다. 어찌나 맛있었는지 모른다. 파스타와 샐러드는 잘 그려도 떡볶이와 미역국에는 약한 인공지능 모델과 한참 씨름하며 삽화 작업을 했던 것도 기억에 남는다.

〈[5교시] 운동장에서 알아보는 데이터 편향〉은 〈[등굣길] 학교에서 알아보는 인공지능〉과 더불어 출판이 결정되고 완전히 새로 추가한 단원이다. '육지'에서 학창 시절을 보낸 나에게, 근무하는 학교마다 있는 키다리 야자나무는 '내가 진짜 제주에 살고 있구나.' 하는 생각을 매일 새삼스럽게 하게 만든다. 내 교실 창문 너머로 보이는 푸른 바다를 보며, 겨울이면 교무실과 협의실에 한가득 쌓인 귤을 신나게 까먹으며, 12월에 운동장에서 반팔 티셔츠를 입고 피구를 하는 아이들을 지나치며 또 그런 생각을 한다. 그도 그럴 것이, 겨울이면 여기는 본가와 기온이 10도까지 차이가 나기도 한다. 이야기 속 전학생에는 제주의 온난한 겨울날을 놀라워하며 서귀포의 겨울 햇살을 만끽하던 내가 투영되어 있다. 물론, 바람은 또 다른 얘기이긴 하다.

"선생님, 노랫말을 쓴다는 건 무슨 얘기예요?"

꼬마 유리는 꾀꼬리처럼 노래를 잘 불렀다. 엄마로부터 이어진 재능이었다. 여섯 살부터 열세 살까지 많은 무대에 섰다. 이제는 솜씨를 뽐내진 못하지만, 경쟁의 압박에서 벗어나니 오히려 동요를 온전히 즐기게 되었다.

초등교사가 되고 몇 해를 지내고 나서였다. 우리 반 아이들에게 매년 되풀이해 이야기하게 되는 지점이 있다는 걸 문득 알아챘다. 그러다 어느 날 생각했다. 노래로 '잔소리'를 해보면 어떨까. 창작동요 작사에 첫 도전을 한 계기였다. 아이들의 마음에 심어주고 싶은 반짝이는 씨앗들을 노랫말로 풀어보았다. 작곡가님들과의 감사한 인연과 수상의 행운이 함께하며 울산 MBC 〈서덕출 창작동요제〉, 통일부 국립통일교육원 〈창작

통일 동요대회〉 등에서 나의 노랫말로 쓰인 곡이 발표되는 기쁨을 맛보았다. 인공지능 시대에 '인간'이 해낼 수 있는 남은 영역이란 생각에 더욱 뿌듯했다. 대학원에서 컴퓨터교육 전공 박사 과정을 밟고 있을 때였다.

내 주요 연구 주제는 초등학생 대상의 인공지능 원리 교육이다. 쉽고, 재미있는. 사실 나는 기계와 기술이 두렵고 어렵다. 예술과 문학이 좋다. 그래서 종종 동요 노랫말 작업도 해본 것이다. 언플러그드 교육에 관심이 많은 것 역시 이러한 내 기질에서 비롯된다. 컴퓨터교육과는 대척점에 있는 것만 같은 내가 이 전공에 발을 들인 건, 다가올 거센 파도를 피하는 대신 그 흐름을 현명하게 타고 싶어서였다.

쉽지 않았다. 박사 과정 초반에는 '몸에 맞지 않은 옷'을 지금이라도 벗어야 하나 진지하게 고뇌하기도 했다. 특히 텍스트 코딩은 깊은 절망감을 안겨주었다. 띄어쓰기 하나로 오류가 나는 그 냉정한 문자와 기호들은 괴롭기까지 했다. 머리를 쥐어뜯으며 대학원 과제를 하던 어느 밤에 생각했다. 내가 만날 아이들도 그렇지 않을까. 디지털 네이티브 세대라지만, 나 같은 아이들도 있지 않을까. '노래 같고 그림 같은' 인공지능 이야기를 만들고 싶다는 꿈은 그 고통 속에서 피어났다.

정작 새 노랫말을 쓰지 못한 지 오래다. 순식간에 고운 노랫말을 끝없이 뽑아내는 생성형 인공지능을 보며 느낀 당혹스러운 무력감 때문이다. 일주일을 꼬박 고심해 쓴 나의 노랫말보다 부족해 보이지 않았다. 이 예기치 않은 파도에 슬기롭게 몸을 맡기는 방법은, 아직 찾는 중이다.

"선생님, 고민이 있으셨다고요?"

나는 우리 아이들에게 무엇을 해줄 수 있을까. 그러니까 여전히, 인간 교사인 나만이 우리 아이들에게 해줄 수 있는 것에는 무엇이 남았을까. 그중에서 앞으로도 남을 것은 또 무엇일까. 인공지능 교육을 연구할수록 내 안에서 커가는 질문이었다. 답을 찾았다고 생각하면 기술은 또 저만치 앞서 달려 나가 있었다. 인공지능과 끝없는 술래잡기를 하는 것만 같았달까. 어느 쪽으로 달려가 뒤쫓으며 이를 '잡아야' 할지 혼란스러웠다.

다섯 계절을 보내며 이 책을 쓰고 다듬었다. 원고를 쓰는 동안에도 인공지능은 비약적인 발돋움을 이어갔다. 2025년 현재, 연초에 혜성같이 등장한 바이브 코딩(Vibe Coding)이 한창 화제다. 학업 중단의 위기에 이를 만큼 텍스트 코딩이 괴로웠던 게 불과 서너 해 전이었거늘. 나같이 평범한 사람도 인공지능과 자연어로 '대화'를 나누며 간단한 코딩을 할 수 있는 세상이 벌써 왔다. 노랫말과는 반대로, 인공지능의 발전과 더불어 넓어진 새로운 도전의 영역을 신나게 모험하는 중이다.

손가락이 굴러가는 대로 '개떡같이' 프롬프트를 써도 '찰떡같이' 산출물을 내놓는 인공지능과 친구처럼 놀며 생각한다. 내 교실의 열 살짜리 아이들이 어른이 될 즈음에는, 아니 중학생이 될 즈음만 해도 세상은 또 얼마나 달라져 있을까. 다시 질문은 원점으로 돌아간다. 나는 우리 아이들에게 무엇을 해줄 수 있을까.

『학교에서 만나는 인공지능 이야기』는 아이들과 꾸려온 복닥복닥한 시간과 기억으로 빚어졌다. 서른의 나는 확신한다. 인공지능 원리를 학교에서 접하는 친숙한 상황들과 버무려 말랑말랑하게 풀어내는 건… 그래도 아직은 인공지능보다 내가 낫다. 정량화도, 수치화도, 예측도 불가능한 어린이들과의 탱탱볼 같은 하루하루를 인공지능은 보내본 적이 없을 테니 말이다.

하지만 이런 키재기란 더는 무의미하다. 머지않은 미래의 인공지능은 이런 우리네 삶의 조각들까지 꼼꼼히 학습한 결과물을 내놓을 것이다. '나만이 우리 아이들에게 해줄 수 있는 것'이란 처음부터 없었던 게 아닐까. 이게 바로 내가 이 길을 나아가며 마주했던 질문의 단일한 '답'이라는 걸, 훗날 돌이켜 보면 서툴고 부족한 구석이 가득할 이 책을 매듭짓고 있는 이제야 받아들인다. 지난 수년 동안 나 홀로 해온 인공지능과의 술래잡기란 애초에 할 필요가 없었던 것이다. 그렇기에 이제 나는 인공지능과 함께 우리 아이들에게 해줄 수 있는 것이 무엇일지 고민한다. 이 고민이란 조금 더 가붓하고, 조금 더 고운 빛깔을 지녔다.

세상이 어느 방향으로, 어떤 속도로 흘러가더라도 올곧게 중심을 잡으며 유연하게 함께 흘러가는 사람이 되고 싶다. 내 교실의 아이들도, 이 책을 통해 만나는 모든 이들도 그러하길 바란다. 그리고 오늘 하루 동안의 '수업'이 그 작은 실마리가 되어주면 더없이 행복할 터이다.

2025년 가을

바다를 안은 노을이 스며들어 오는 빈 교실에서

학교에서 만나는
인공지능 이야기

2025년 11월 30일 초판 1쇄 발행

지은이   황유리
펴낸이   김영훈
편집   김지희
디자인   이은아
편집부   부건영, 김영훈
펴낸곳   한그루
          출판등록 제6510000251002008000003호
          제주특별자치도 제주시 복지로1길 21
          전화 064-723-7580   전송 064-753-7580
          전자우편 onetreebook@daum.net 누리방 onetreebook.com

ISBN 979-11-6867-253-6 [03500]

이 책은 2025년 제주특별자치도교육청 '우리 선생님 책 출판 지원 사업' 공모 선정작입니다.

값 20,000원